Gestión de Procesos orientada a los resultados

BRUNO PALVARINI

CLÁUDIA QUEZADO

AGRADECIMIENTOS

Varias personas fueron fundamentales para hacer de este libro una realidad.

Nuestros familiares y amigos, que en todo momento nos enseñan el dinámico y maravilloso mundo de los procesos.

Los colegas que trabajaron con nosotros en proyectos, debates y conferencias, detectando las diferencias con relación a los enfoques tradicionales de la gestión de procesos y mencionando la falta de una guía conceptual de nivel básico y fácil comprensión.

El profesor Fuad Gattaz Sobrinho, especialista de renombre mundial en la ciencia de procesos y querido amigo nuestro.

Y más que todos los otros, nuestros hijos Felipe y Luísa, que son nuestros principales maestros y la explicación perfecta para todo lo que somos.

PREFACIO

Recomiendo encarecidamente la lectura y estudios a partir de la publicación de este maravilloso libro.

Este libro explora las causas y los efectos colaterales de la problemática de la gestión de procesos y el cambio de paradigma en los procesos orientados a actividades o funciones para procesos orientados a valor - en una forma didáctica y de fácil entendimiento.

Todas las organizaciones profesionales en gestión, tecnología, enseñanza y consultoría de procesos organizacionales, así como sus ejecutivos, deben conocer este libro. Es una referencia que clarifica y nos ayuda a tomar decisiones en la elección de métodos, técnicas y herramientas para que podamos lidiar con la problemática más esencial de la empresa, que es la falta de alineación de resultados entre los colaboradores y las redes organizacionales...

Como investigador, profesor y consultor de procesos por más de 30 años, agradezco a los autores por la iniciativa y les doy mis felicitaciones por esta contribución tan necesaria para el marco social, económico, tecnológico e industrial, que las organizaciones enfrentan en este siglo

Fuad Gattaz Sobrinho
Presidente de la *Society for Design and Process Science* para a América Latina - SDPS
Presidente de la *Software Engineering Society* - SES
Profesor Investigador en la Universidad del Estado de Alabama - UAB

SUMARIO

PRESENTACIÓN

Este libro surgió a partir de algunos móviles: el primero de todos, los dos hemos acumulado experiencias, impresiones y resultados relacionados con la gestión de procesos, siendo casi inevitable la idea de consolidarlos y compartirlos con el público.

Aun con la fuerza que esto conlleva, constatamos que las principales iniciativas en gestión de procesos llevadas a cabo por organizaciones que desean conquistar sus objetivos continúan atascándose en aspectos conceptuales fundamentales, muy similares a lo que hacíamos hace quince años – a excepción, tal vez, de los avances tecnológicos puntuales.

No nos sorprende, por tanto, que la mayoría de esas iniciativas obtenga los mismos resultados deficientes, y no sepa enfrentar las dificultades comunes que todas traen consigo.

Organizaciones públicas y privadas, pequeñas, medianas y grandes, familiares y multinacionales - todas están invirtiendo cantidades significativas de recursos en la identificación y en el registro de sus procesos de trabajo. Algunas cumplen estrictamente las determinaciones legales (por ejemplo, instituciones que modelan procesos solo para responder a las auditorias de los órganos de control); otras se preocupan con aspectos relacionados con la gestión del conocimiento - registrar cómo se realiza el trabajo sería una forma de conservar la inteligencia asociada a él. Existe inclusive un grupo de organizaciones más avanzado que busca tener sus procesos detallados como forma de soporte para una buena toma de decisión (en estos casos, la automatización de procesos y la actualización de la información en tiempo real son características siempre presentes).

Como suele suceder en estas operaciones, cada persona que tuvo algún contacto con el tema empieza a adoptar sus propias convicciones y experiencias, y un sinnúmero de herramientas destinadas a la gestión de procesos ya ha sido desarrollado e implantado con mayor o menor éxito. También, como sucede con frecuencia, se ha formado una especie de sentido común con relación al asunto y se ha observado poca innovación conceptual recientemente – al mismo tiempo que la evolución instrumental se ha vuelto más fuerte. Es como si tuviéramos cada vez más tecnología para aplicar en nuestras iniciativas - a pesar de que no sabemos con certeza donde queremos llegar y si eso será posible.

De una forma bastante práctica, los proyectos de gestión de procesos en los que hemos participado en los últimos años se pueden clasificar en dos grandes grupos de enfoque conceptual. En el capítulo 1, describimos en detalle el enfoque más usado incluso hoy – y presentamos sus beneficios y limitaciones. En el resto del libro, discutimos otra forma de administrar procesos.

Una forma más dinámica, más contextual, más efectiva, más sostenible y más completa, dado que se aplica a cualquier área de interés y de conocimiento, de la biología molecular a las organizaciones, de la salud a la educación, de los sistemas de información a su vida cotidiana.

Una forma, en fin, más humana.

El enfoque que traemos aquí constituye el centro de interés de lo que la Society for Design and Process Science – SDPS – realiza desde su fundación en 1995, pero parece existir la carencia de una fuente inicial y más accesible a los lectores que se valen de la gestión de procesos en su vida diaria, en un lenguaje más claro y que pueda sentar las bases del tema, a la vez que abre espacios para futuras profundizaciones.

El libro que ofrecemos utiliza los conceptos de la tecnología VBPMN – *Value Added Business Process Model Network* – y los ejemplos de la tecnología de procesos P3Tech / LabP3 (www.labp3.net) como base teórica principal; nuestras experiencias de vida complementan esa visión, en busca de una referencia rápida y consistente al mismo tiempo, que facilite la generación de resultados y el establecimiento de un clima de intercambio y de aprendizaje en su institución y en su vida.

Um gran abrazo,

Bruno Palvarini y Cláudia Quezado

1 UNA HISTORIA QUE SE REPITE...

"But still they lead me back
To the long and winding road"
*(Pero aun así, me devuelven
al largo y tortuoso camino)*
John Lennon & Paul McCartney
"The Long and Winding Road"

Bruno: Hice parte desde su inicio, en 1999, de la unidad estratégica de procesos vinculada a la presidencia de la institución en la que trabajaba. Era uno de los treinta consultores internos que habían sido seleccionados, entrenados y certificados internacionalmente en métodos de administración de procesos y la aplicación del novísimo modelo de gestión organizacional orientado a resultados demandaba un esfuerzo conjunto de las áreas de negocio de la empresa.

La primera misión de aquella oficina de procesos comprendía la necesidad de detallar cada uno de los diversos negocios existentes en nuestra organización, para facilitar la comprensión y la participación de todos, manteniendo la alineación entre la ejecución del trabajo diario y el plan estratégico de la corporación. Además de eso, existía la premisa de que la gestión debía basarse en indicadores de desempeño que permitieran una toma de decisión rápida y eficiente.

La noción inicial de lo que era un proceso nos llevaba a la idea de una **transformación;** en términos generales, considerábamos un proceso como una transformación de entradas en salidas que retornaban resultados al trabajo realizado.

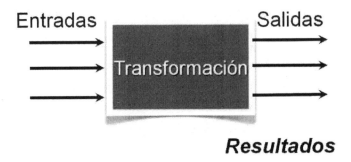

Figura 1.1 - Diagrama de entradas / transformación / salidas (y resultados)

Sin embargo, en el entrenamiento que recibimos en aquella época, se podía percibir una reducción considerable de tal concepto, ya que la palabra clave relacionada a procesos pasaba a ser la noción de actividad. Así, hace casi quince años, "proceso" para nosotros pasaba a ser algo como un conjunto de actividades que conduce a la generación de un producto o servicio".

El diagrama básico de un proceso vinculado a dicho concepto es de la siguiente manera:

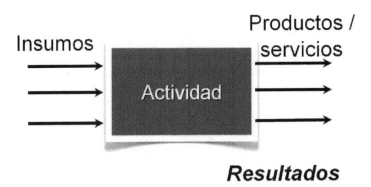

Figura 1.2 - Diagrama de insumos / actividad / productos o servicios (y resultados)

Para que registráramos con mayor detalle la transformación de insumos en productos / servicios, aprendíamos también a generar otro tipo de diagrama que representaba la secuencia de etapas o de pasos necesarios desde la percepción de una demanda hasta su respuesta, con la entrega de los resultados finales. Ese diagrama se denominaba popularmente como **cadena de valor**, siguiendo la lógica de que cada una de las etapas de transformación descritas agregaba algún valor a los insumos presentes.

Figura 1.3 - Ejemplo de cadena de valor de un proceso genérico (el equipo de desarrollo de producto agrega un valor a la demanda original y entrega su trabajo a los responsables de fijar el precio del producto - los cuales, a su vez, agregarán otro valor al trabajo, y así sucesivamente)

Cuando representábamos los negocios fundamentales de la organización bajo la forma de cadenas de valor, decíamos estar modelando los **macro procesos** institucionales. En verdad, nuestro desafío como consultores internos de procesos era tomar como referencia el modelo de gestión por resultados existente y detallar los macro procesos de la empresa en cadenas de valor y en sus correspondientes actividades. Además, para aquellas iniciativas definidas como prioritarias por la alta dirigencia de la organización, debíamos promover mejoras en las rutinas de trabajo, siempre actuando en conjunto con especialistas de las áreas de negocio de nuestra organización.

Usábamos un tipo adicional de diagrama para separar cadenas de valor en actividades de un nivel más próximo al de la operación: el **mapa de procesos**. El patrón de mapas de procesos utilizado seguía el concepto de procesos centrados en actividades y, a simple vista, era muy parecido a un diagrama de flujo con alguna información adicional (en especial, los responsables de la ejecución de las actividades y la conexión de las entradas y salidas de cada transformación).

3

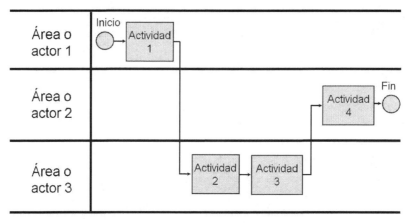

Figura 1.4 - Ejemplo de un mapa de procesos genérico

En resumen, nuestro instrumental de modelado de procesos estaba compuesto por:

    * un concepto base (procesos como secuencias de actividades que generan valor);

    * un diagrama que nos representa los niveles más altos de los procesos (cadena de valor);

    * un diagrama que nos representa los detalles de los procesos (mapa de procesos).

En relación al **método** y al **juego de herramientas** incorporado para la realización de los proyectos de mejoramiento de procesos, nosotros - los consultores – se nos consideraba responsables de la construcción de los diagramas y de los modelos, teniendo las licencias de la solución informática necesaria para la representación de los procesos. Los trabajos se ejecutaban con la adopción de una hoja de ruta compuesta por cinco puntos principales que se describen a continuación:

a) **Modelado del proceso actual** - etapa en la que un equipo mixto (formado por los consultores especialistas en el método y por los funcionarios especialistas en los procesos en estudio) procedía al mapeo de las cadenas de valor y de los respectivos flujos de actividades, desde el evento que iniciaba el proceso hasta los resultados finales.

b) **Análisis y levantamiento de disfunciones** - a partir del modelo construido en la fase anterior, eran enumerados los problemas que impedían un mejor funcionamiento del proceso y la consiguiente generación de resultados. En general, se identificaban disfunciones de varias naturalezas en esta etapa (por ejemplo, estrategias contradictorias, estructuras organizacionales inadecuadas, ausencia de sistemas tecnológicos adecuados, falta de competencias para la realización del trabajo y, también, flujos de actividades con desperdicios, lagunas o solapamientos); por definición metodológica, los consultores de proceso trataban directamente con las disfunciones relativas a los flujos de actividades, dirigiendo las demás a las unidades responsables de los temas dentro de la organización. Adicionalmente, era costumbre que clasificáramos las disfunciones del proceso con respecto al impacto sobre el objetivo principal del proyecto de mejoramiento, concentrándonos en aquellas consideradas más relevantes.

c) **Proposición de un nuevo proceso** - con base en disfunciones elegidas como objeto de las mejoras, el equipo de proyecto construía un diagrama para el proceso considerado como el más adecuado, el cual sería implantado en las fases siguientes. En el rediseño del proceso, todos los problemas de alto impacto antes señalados deberían estar completamente resueltos.

d) **Planeamiento de la implantación** – Una vez definido el flujo de las actividades del proceso revisado, consultores y especialistas procuraban establecer un plan de acción para volverlo viable en un corto espacio de tiempo. De forma general, nos basábamos en una herramienta de calidad conocida como "5W2H", teniendo como resultado un plan que contenía información relacionada con las acciones a realizar, sus justificaciones, los lugares de ejecución de las etapas, los períodos de su realización, los responsables por las acciones, los métodos a ser empleados y los costos asociados.

e) **Implementación del nuevo proceso** - siguiendo el plan trazado y contando frecuentemente con una etapa de implantación piloto, en la cual el proceso era evaluado en un alcance menor al idealizado, verificábamos su conformidad y efectuábamos ajustes cuando eran necesarios – antes de la expansión de la solución en un contexto mayor.

En la siguiente figura se puede observar un esquema que representa el ciclo de los proyectos de mejoramiento de procesos.

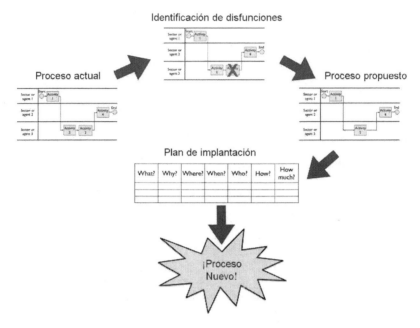

Figura 1.5 - Ciclo tradicional de gestión de procesos

El comienzo de nuestra labor como consultores de procesos estuvo marcado por un período de aprendizaje conjunto entre los equipos técnicos, y pasados cerca de tres años de proyectos, podíamos decir con orgullo que existía una cultura de procesos en la empresa. Cada vez teníamos más demandas desde las unidades de negocio para la realización de proyectos de mejoramiento y se encontraban múltiples beneficios como consecuencia del enfoque de procesos, como por ejemplo:

* El trabajo parecía adquirir una visión sistémica, más allá de las actividades individuales y de las fronteras de las unidades organizacionales;

* Los equipos mostraban gran motivación respecto a la introducción de mejoras en sus rutinas, con integración real de los funcionarios;

* El trabajo pasaba a ser documentado en niveles

superiores a los previstos en las normas internas, favoreciendo la gestión del conocimiento.

Parecía que navegábamos en aguas tranquilas.

Hasta que...

Dos preguntas perturbadoras

La noticia empezó como un rumor y fue confirmada rápidamente: El superintendente del área estratégica de la empresa iba a ser remplazado por un experimentado gestor de unidades de atención al público. El cambio ocurrió de forma expresa y tarde en la noche, cuando ya estaba preparándome para entregar el trabajo, el nuevo jefe me llamó a su oficina. Mirándome fijamente, fue directo al grano:

- ¿Acepta usted asumir la gerencia de la oficina central de procesos?

Aun sorprendido ni siquiera tuve tiempo de esbozar una respuesta, cuando él ya estaba lanzando una segunda pregunta, incluso más perturbadora que la anterior:

- ¿Por qué somos tan malos cuando trabajamos con procesos?

Me sentí irritado y comencé precipitadamente, a defender nuestro trabajo: ¿cómo podíamos ser malos? Éramos - a diferencia del nuevo jefe - especialistas certificados internacionalmente en gestión de procesos; nuestros métodos y resultados eran compatibles con instituciones públicas y privadas de todos los rincones del mundo, habíamos consolidado una cultura de procesos en la organización y los procesos selectivos para llegar a ser un consultor interno eran extremamente rígidos...

Con una leve sonrisa él me dejó proseguir la argumentación - hasta que lanzó su estocada final:

- Usted tiene razón - no soy un especialista en procesos. Pero conozco bien lo que es atender al público. Y si digo a alguno de mis clientes - principalmente a los más urgidos -, que su demanda será resuelta dentro de seis meses, pierdo el empleo.

Un proyecto de mejoramiento de procesos, por más grande que sea, tiene que dar resultados concretos en dos meses, máximo, porque el mundo real no está sujeto a la voluntad de los consultores. Y si usted me dice que todos siguen la misma lógica, ¡entonces todos están equivocados!

Salí de aquella conversación con la clara impresión de que si aceptaba el cargo (lo cual acabé haciendo), no duraría mucho tiempo en la función.

Sin embargo, la reunión con el nuevo jefe provocó **dos efectos colaterales radicales** en mí.

El **primero** fue la decisión de analizar cuidadosamente la etapa actual de nuestros proyectos de mejoramiento de procesos y sus resultados. Al hacer eso, llegué a algunos datos sorprendentes y que no eran de nuestro conocimiento diario:

* teníamos cerca de mil diagramas de procesos almacenados en nuestros servidores, desde cadenas de valor de macro procesos hasta niveles bastante operativos de rutinas;

* la mayoría de los mapas en cuestión estaba desactualizada, representando más datos históricos que el estado presente de los procesos;

* el tiempo promedio que invertíamos en un proyecto de mejoramiento de procesos era de seis meses, llegando a extremos de dos años de trabajo conjunto con especialistas de las áreas de negocio, principalmente en iniciativas que implicaban la automatización de rutinas. En varios casos, el proyecto de mejoramiento perdía la sincronía con la realidad, siendo resueltas las cuestiones críticas antes de la implantación de las proposiciones o requiriendo medidas urgentes externas al proyecto;

* al estar tratando los procesos como secuencias de actividades, perdíamos diversas informaciones relevantes proporcionadas por los técnicos de las unidades de negocio, cuando estos se quejaban de asuntos estratégicos, estructurales, de gestión de personal y de falta de tecnología de información, por ejemplo. De esa forma, una buena

parte de los problemas reales de los procesos en estudio no era tratada y los resultados de la revisión de los procesos aportaban poco valor al desempeño final;

* el hecho de que solamente los consultores internos tuvieran el conocimiento técnico de la representación de procesos y las licencias de la respectiva herramienta tecnológica generaba un cuello de botella en la velocidad del proyecto, determinada por la disponibilidad de los consultores para asumir un proyecto. De la misma forma, se acumulaba una pila de solicitudes no atendidas, la cual crecía cada vez más;

* al modelar los procesos a partir de las informaciones que obtenía de los equipos técnicos, también el consultor se convertía en una fuente de introducción de errores y de malas interpretaciones en los diagramas - los procesos eran mapeados según su propia óptica;

* el método de mejoramiento de procesos usado, además de extenso, se concentraba demasiado en la descripción de los procesos actuales, los cuales notablemente requerían ajustes. Por otro lado, no otorgaba la misma atención cuando se trataba de los procesos propuestos - generando la percepción de haber concluido los proyectos con dos etapas inservibles: un proceso bien descrito que deseábamos abandonar y un proceso todavía nebuloso, que necesitábamos implantar;

* aun en relación al método, su orientación a las disfunciones arrastraba fuertemente cualquier proposición de mejora hacia el legado existente, dificultando la introducción de formas innovadoras de realizar los procesos. La elección de algunas disfunciones a ser trabajadas (en lugar de la totalidad de los problemas identificados), parecía indicar incapacidad para tratar cuestiones más complejas.

El **segundo efecto colateral** de la reunión con la nueva dirigencia fue que **nunca más volví a modelar y administrar un proceso de la manera tradicional**

Para concluir este capítulo, tres recordatorios básicos:

1. Una idea común a todos los enfoques relacionados con procesos es la noción de transformación de entradas en salidas que generan resultados comprensibles.

2. Proceso puede ser un excelente lenguaje de gestión y de mejora del desempeño del trabajo en organizaciones de cualquier porte - su importancia, examinada en los últimos años, confirma esa afirmación.

3. Mientras tanto, las reducciones conceptuales y la adopción de métodos clásicos ha generado un conjunto de efectos indeseados y no ha fomentado la solución de algunos problemas en proyectos de gestión de procesos, como la perdida de sincronía con la realidad, el alto costo de proyecto, tiempo excesivo desde la identificación de la necesidad hasta la implementación de la solución, falta de representación de aspectos relevantes, introducción de errores, ya que pocos participantes describen procesos complejos y describen métodos orientados a lo ya existente, en vez de estar orientados a innovaciones.

2 ¿DE QUÉ ESTAMOS HABLANDO REALMENTE?

> "The farther one travels
> The less one knows"
> *(Mientras más lejos viajamos
> Menos conocemos)*
> **George Harrison**
> **"The Inner Light"**

Antes de proseguir con nuestra jornada, algunas reflexiones que son importantes.

La forma convencional en la que abordamos la gestión de procesos, basada en actividades, es el resultado de un paradigma que predominó por décadas en varios campos del conocimiento y que nos afecta hasta el día de hoy. Esa forma de pensar se caracteriza por la abstracción de que podemos visualizar algo complejo como la simple suma de sus partes y la idea de que la realidad se asemeja a una máquina bien ajustada. La profundización de tales creencias nos hace imaginar la posibilidad de previsión de acontecimientos futuros, con gran certeza.

Usted ya debe haber oído varias veces expresiones como "Visión mecanicista newtoniana" o "pensamiento cartesiano", asociando ese contexto a dos de sus principales pensadores, Isaac Newton y René Descartes – no obstante la revolución causada por ambos haya sido infinitamente más amplia que los rótulos que se les asocian (nunca debemos olvidar que el propio Newton empleó buena parte de sus años más vibrantes ¡en estudios de alquimia!).

Resultados recientes, sin embargo, han demostrado que el Universo se comporta y está influenciado por multitud de factores, a diferencia de la previsible mecánica clásica, y que en sistemas compuestos, por ser humanos – principalmente en aquellos con gran número de componentes -, debemos tener enfoques que se caractericen por: aprendizaje continuo, experimentación, adaptabilidad, decisión, intuición y creatividad, que extrapolen la noción de "secuencias de actividades". En esos arreglos, si partimos de premisas insuficientes o si usamos métodos e instrumentos inadecuados, de poco servirá entrar a detallar exhaustivamente los componentes de los procesos.

En su libro "Caminhos do sucesso - a conspiração holística e transpessoal" (en español, "Caminos del éxito - la conspiración holística y transpersonal"), el neurólogo Francisco Di Biase y el psicoanalista Mário Sérgio da Rocha abordan de forma brillante como otras técnicas, que permiten la visualización de los objetivos comunes y la integración de todos los participantes en un asunto, permiten promover una mejora espectacular en los resultados de una organización. En la obra, los investigadores hacen una bella combinación de técnicas milenarias provenientes de otras culturas, con los últimos descubrimientos de la ciencia y de los gurús de la administración moderna. Los mismos principios pueden encontrarse en el que consideramos el texto de gestión de procesos más completo y fundamental disponible, "Processo: a máquina contextual nos negócios" (en español, "Proceso: la máquina contextual en los negocios"), de autoría del investigador Fuad Gattaz Sobrinho. Cualquiera que sea el prisma con el que se mire – psicología, neurología, tradiciones religiosas y administración, por citar sólo algunos de los que se mencionan en ambos libros –, es un hecho recurrente la necesidad de vivenciar, de forma colectiva, los valores que deseamos generar en nuestros procesos de trabajo y de favorecer las sincronías que harán de ellos una realidad.

A pesar de que están comprobados científicamente y de que

parecen bastante naturales, dichos fundamentos no hacen parte aun de la cultura de gestión de procesos de nuestras organizaciones.

Bruno: Recuerdo claramente que recientemente había logrado contratar una nueva solución automatizada de gestión de procesos para la oficina que administraba – después de casi tres años de estudios y discusiones para la adquisición – y estaba eufórico con la posibilidad de tener un mayor número de personas modelando y administrando sus "flujos de trabajo" simultáneamente. Para mi sorpresa, un experimentado colega de otra organización se dirigió a mí y me dijo: 'Va a descubrir muy pronto que la herramienta es lo que menos importa si sus colaboradores se la pasan pensando en procesos, es decir, idealizando los resultados y las sincronías necesarias y tomando las decisiones adecuadas. Ni siquiera necesitará dibujar mapas de procesos'. Dudé de sus palabras, pero hoy reconozco que él tenía razón.

Tal vez este libro tenga la pequeña pretensión de ayudar en ese descubrimiento, presentando algunos "ejercicios" que fomenten la migración de un modelo mental mecanicista de procesos a otro más holístico, integrado y eficaz. Es como si usted estuviera aprendiendo a dominar un instrumento musical; presentaremos de aquí en adelante conceptos y prácticas que intentarán habituarlo a una nueva forma de pensar, partiendo del paradigma anterior e incorporando diferencias gradualmente. La manera en la que usted va a sentir cada novedad presentada será muy particular, y es posible que, en medio del texto, surja una nueva comprensión y que pueda prescindir del resto del libro. O bien, es posible que necesite más tiempo para que se establezca la nueva visión – no hay ningún problema, queremos respetar su ritmo y las necesidades de su organización.

Entonces, ¡comencemos!

Vimos en el capítulo anterior algunas trampas comunes de la forma tradicional de abordar la gestión de procesos. En este y en los próximos capítulos, iremos presentando alternativas que resuelven o minimizan tales efectos, generando una forma más efectiva de actuar con procesos organizacionales.

Vamos a comenzar por dos fundamentos.

Un concepto para "procesos"

Como se ha dicho, el concepto básico que teníamos de procesos del pasado, estaba totalmente basado en actividades generadoras de un producto o servicio. Tan usado fue, que dicho concepto puede parecer algo natural para el lector - principalmente por tener una elevada correlación con algunos fundamentos de la teoría de la administración y con el contexto histórico de la ingeniería de producción. Sin embargo, hay muchos otros contextos en los que se utiliza el término "proceso", con significados bastante diferentes:

* en el ámbito **legal**, proceso aparece relacionado a documentos que preservan derechos de individuos y / o de organizaciones;

* en el contexto **científico**, proceso se refiere a la conformidad entre procedimientos y resultados;

* en el campo de la **innovación**, un proceso creativo incorpora interrupciones y sincronías cuando se presentan los llamados *insights*.

Todas las expresiones anteriores contienen un núcleo común - la transformación de un estado de la realidad en otro, con actores que generan y perciben valor. Más allá de eso, es claro que el contexto organizacional también experimenta, y muchas veces necesita de innovaciones, de protección de los derechos y de conformidad cuando se trata de sus procesos institucionales.

Así, pensamos que un concepto - no definitivo o extenso - bastante razonable para que podamos nivelar nuestro entendimiento de procesos, debe asumir una forma general como esta:

"Los procesos son sincronías de entradas, transformaciones, resultados y sus respectivos valores generados y percibidos por los agentes participantes".

Un proceso continua viéndose como algo transformador (hay entradas que se convierten en resultados de procesamiento), pero es importante resaltar que toda transformación debe conducir a una percepción de valor por parte de quien usa sus resultados. Tal concepto es mucho más que una simple secuencia de actividades, y desplaza el centro de la discusión hacía el que hace uso de los resultados (debe haber concordancia entre la calidad del proceso y la expectativa de su propio usuario).

Una visión de método

En el capítulo anterior, mencionamos el serio problema relacionado con el método de trabajo tradicional de gestión de procesos - el tiempo empleado en la secuencia "retratar el proceso actual / identificar y dar prioridad a disfunciones / rediseñar el proceso / planear su implantación / implementar las mejoras" es sumamente prolongado e incompatible con la realidad de las organizaciones. También se ha dicho que tal método produce frustraciones en lo referente a la calidad de las soluciones generadas en los procesos (poco innovadoras, poco detalladas y destinadas solo a la revisión de actividades y flujos de trabajo).

Otro fenómeno incomodo que constatamos en iniciativas que usan aquel enfoque se refiere al gran riesgo de que no todas nuestras propuestas funcionen según el modelo, causando efectos indeseados durante la implementación de los procesos revisados.

La buena noticia es que hay otras posibilidades metodológicas para evitar tales inconvenientes. Por ejemplo, los proyectos de ingeniería acostumbran construir **modelos** que se acercan a la realidad – usando software específico, como los programas de CAD - , representando componentes físicos y sus respectivas ecuaciones de comportamiento. No obstante, y aun contando con todo el conocimiento y el rigor de los proyectistas, el modelo (abstracción de la realidad) creado debe presentar el riesgo mínimo posible de funcionar incorrectamente una vez construido. En ese momento, es fundamental que los proyectistas introduzcan datos estimados en el modelo construido, **simulando** resultados que pueden ocurrir durante el funcionamiento real. Varias decisiones de proyecto se revisan en función de las simulaciones realizadas, una vez demostradas las imperfecciones en los diseños de los modelos.

Además de la simulación, a los ingenieros les gusta mezclar datos reales con datos estimados, **emulando** el resultado físico de los proyectos. En la década de 1990, Bruno participó en un proyecto de electrónica en el que la placa del circuito eléctrico modelada y simulada, se construía inicialmente sobre una placa emuladora del tipo *"protoboard"*, en la cual todas las conexiones de cables entre componentes se podían modificar cada que fuera necesario, evitando el riesgo de implementar un circuito impreso defectuoso. También se emulaba el comportamiento del procesador del equipo diseñado hasta que el programa en lenguaje de máquina estuviera totalmente libre de errores – sólo entonces se grababa la memoria del dispositivo. Una vez hecho eso, era posible pasar a la **puesta en escena** del proyecto, es decir, la construcción final del dispositivo y su comercialización.

Bruno: regresando a la oficina de procesos que coordiné, el largo ciclo que realizábamos en nuestros proyectos se concentraba básicamente en el modelado de rutinas y en su implementación, o sea, salíamos directamente del escritorio del proyecto hacia la vida real. Nos encontrábamos sujetos a un conjunto inmenso de riesgos de disconformidades – y puede estar seguro, ¡siempre ocurrían! Aunque en aquella época ya disponíamos de la posibilidad de simular y emular procesos para mejorar la toma de decisiones y para la aplicación de correcciones en los modelos, eso nunca ocurría – principalmente porque era común que excediéramos los plazos previstos para los proyectos, generando presión al implementar soluciones poco probadas. Quizá lo más crítico de toda esa historia es ¡que la mayor parte de los proyectos de revisión de procesos que se ejecutan hoy en día están repitiendo el mismo equívoco!

Ahora que usted ya sintió el problema y vio un caso de proyecto usando una lógica de reducción de riesgos de implantación, vamos a organizar cual sería nuestra propuesta para lograr un ciclo de administración de procesos más efectivo.

Modelado (modelación)

Sabemos que la "representación" es una descripción de la realidad en términos de sus características y que "modelo" es un tipo de representación que se acerca a la realidad partiendo de algunos parámetros de mayor importancia. Así, modelar un proceso significa representarlo por medio de los componentes que, con base en un criterio, juzguemos más importantes. A su vez, son objetivos típicos de un modelado de proceso, desafíos como:

* convertir en explícitos conocimientos que actualmente son sólo tácitos;
* suministrar información para mejorar la toma de decisiones;
* automatizar rutinas de trabajo;
* promover la integración de las personas alrededor de objetivos comunes;
* integrar la organización en todos los niveles (estratégico, táctico, operativo).

Modelar un proceso es, por tanto, registrar la información relacionada con lo que deseamos que ocurra en la realidad. En la fase de modelado es común que encontremos diseños de los componentes de un proceso y sus relaciones, sus especificaciones, niveles de calidad / tolerancia deseados, condiciones que podrán ocurrir durante la ejecución del proceso - y los planos respectivos de acción / contingencia que se adopten. La lista es extensa y un buen modelado de proceso debe conducir a una idea bastante clara de lo que será nuestro sueño cuando se convierta en realidad.

Simulación

Por muy buenos que seamos proyectando el futuro al modelar un proceso, en muchos casos - sino en todos - debemos extender nuestra imaginación a la construcción de escenarios posibles para el momento de la ejecución final del proceso. La simulación permite una evaluación más sensata si nuestras premisas funcionan de conformidad con lo previsto, y principalmente, una observación del comportamiento de nuestro proceso frente a variables que escapan a nuestro control.

Imagine que tenemos un proceso bien dimensionado para ofrecer atención al público, con excepción de un período determinado del mes, en el que se duplica el número de usuarios de los servicios, en función de ser la fecha en la que algunos clientes reciben un beneficio. ¿Será que estamos preparados para dar una buena respuesta en ese horario crítico?

Debemos simular escenarios a partir de variaciones relacionadas con los valores normales de operación de nuestro proceso, verificar los resultados y los impactos en curso, y lo mejor de todo, tomar las debidas medidas correctivas (si fueran necesarias) **antes** de estar expuestos a una implementación del proceso.

Simular un proceso, como ya dijimos, constituye una fase fundamental en la administración de riesgos.

Emulación

La emulación es una elegante sofisticación de la fase de simulación, en la cual tenemos condiciones para incluir datos reales junto a los cálculos ya efectuados.

Volviendo al ejemplo del mostrador de atención al público: imagine que la simulación nos permitió predecir una buena atención en períodos pico, permitiendo incluso establecer una reasignación de los dependientes si fuera necesario.

Vamos ahora a suponer que toda atención en el mostrador se hace por medio de un sistema informático que procesa datos de los clientes de los servicios en una base centralizada. Digamos que en nuestro modelo (y en la simulación asociada), estimamos un tiempo de quince minutos para la prestación completa del servicio. La pregunta que debemos responder ahora es: ¿será que tal cálculo se acerca a lo real?

¿Qué tal si emulamos la interface del sistema automatizado y pedimos a un grupo de dependientes que completen las pantallas respectivas, como si estuvieran prestando un servicio real?

Emulaciones como la descrita permiten la confirmación de hipótesis - o el descubrimiento de equívocos -, usando datos de la realidad pero con una gran diferencia: no tenemos aún la presencia (y la presión) de los agentes participantes del proceso. Es como un ensayo final previo al estreno de una pieza de teatro - podemos vestir a todo el elenco con los trajes de la pieza (para ver si los actores tendrán la movilidad requerida con el uso del figurín escogido), invitar a algunos líderes de opinión para poder ver cómo reaccionan a la fluidez del texto -, pero todavía no tenemos las dificultades que llegarán cuando el espectáculo entre en cartelera. Y, lo mejor de todo, ¡tenemos tiempo de ajustar lo que sea necesario!

Gran parte de los problemas que ocurren en la implementación de procesos es consecuencia de la falta de una etapa de emulación en la cual, nuevamente, minimizamos riesgos de sorpresas desagradables.

Puesta en escena (presentación)
¡Que comience la función! - ahora el proceso está listo para ser implantado.

La estrategia puede variar - por ejemplo, cuando se requiera una implantación piloto con el fin de acostumbrarnos a los cambios culturales asociados a algunas innovaciones implícitas, pero las oportunidades de tener altos niveles de conformidad son bastante grandes. Y, si aun así llegamos a identificar la necesidad de corregir algún aspecto, ¡tanto mejor! - ya aprendimos como debemos proceder (ajustar modelos, simular escenarios, probar emulaciones e implantar mejoras). A fin de cuentas, la vida - y los procesos - ¡son dinámicos!

Importante
A diferencia del ciclo tradicional de gestión de procesos (proceso actual / disfunciones / proceso propuesto / planeamiento de la implantación / implementación de las mejoras), consideramos el ciclo modelado / simulación / emulación / puesta en escena no como una secuencia lineal, sino como un diseño circular, ya que el modelo no es necesariamente el inicio de un proceso - recuerde que el modelado busca acercar la vida real. Uno de los mayores errores que cometemos ejerciendo la consultoría de procesos es intentar "frenar la realidad", o sea, afirmar que no existe ningún proceso hasta no estar modelado y homologado por los responsables.

Podemos, por elección consciente, modelar profundamente los resultados que deseamos alcanzar y pasar directamente a su simulación / emulación / puesta en escena, sin que los demás elementos del proceso (transformaciones, insumos, referencias, infraestructuras) estén representados. Eso es de particular interés cuando deseamos oír a todos los participantes de la co-creación de servicios - hay varios ejemplos exitosos de esa situación en el mundo contemporáneo. Es importante que esa elección sea fruto de su evaluación y de una buena administración de los riesgos asociados). Más adelante, volveremos a tratar este asunto.

A partir del próximo capítulo vamos a comentar las etapas del ciclo de gestión de procesos. La mayor parte de los conceptos y ejemplos se darán en relación a la construcción de modelos, y estos resultados serán expandidos posteriormente para las fases de simulación, emulación y puesta en escena.

Para concluir este capítulo, tres recordatorios básicos:

1. Los procesos se pueden ver como sincronías de entradas, transformaciones, resultados y valores respectivos generados y percibidos por los agentes participantes.

2. Una buena gestión de proceso debe preocuparse siempre por minimizar los riesgos asociados (por ejemplo: representación más cercana de la realidad, verificación de algún efecto indeseado durante la implementación de los procesos - tales como costos absurdos, perdida de validez de las soluciones, falta de algún componente, inexistencia de competencia instalada en el equipo y, principalmente, cualquier tipo de trastorno a los beneficiarios del proceso).

3. Son etapas típicas de un ciclo efectivo de gestión de proceso las fases de modelado (representación más cercana posible de la realidad deseada), simulación (construcción y evaluación de escenarios a partir de datos estimados), emulación (introducción de datos reales en los modelos y escenarios proyectados) y puesta en escena (implementación real de los procesos, además con el uso de estrategias piloto). La puesta en escena no necesariamente cierra o ciclo, dado que la realidad es dinámica

3 PREPARÁNDOSE PARA MODELAR UN PROCESO (COMPONENTES Y ROLES)

"Roll up, roll up for the mystery tour"
(Prepárense, prepárense para la gira misteriosa)
John Lennon & Paul McCartney
"The Magical Mystery Tour"

Notación

Antes de que iniciemos un modelado, necesitamos conocer los símbolos básicos que usaremos en la representación de nuestros procesos – es lo que solemos llamar notación.

Presentamos a continuación los cuatro elementos fundamentales para un buen modelado de procesos. En todos nuestros futuros ejemplos recurriremos a la notación asociada al patrón VBPMN (*Value Based Business Process Management Network Model*), idealizado por Fuad Gattaz Sobrinho e implementado en las versiones de la solución automatizada P3Tech / LabP3.

Valor

En los capítulos anteriores vimos que el valor es el elemento central de la teoría y de la práctica de gestión de procesos. Valor es lo que buscamos cuando entregamos las salidas de nuestros procesos a quien hará uso de ellas. Sin una percepción de valor por parte de ese usuario, nuestro trabajo se vuelve inútil.

Así, nada más natural, que disponer de un símbolo específico para la representación de los valores existentes en un proceso.

Valor (resultado)

Figura 3.1 - El símbolo de un "valor" (resultado de un proceso)

El concepto de valor está fuertemente relacionado con los productos o los servicios resultantes de un proceso – no obstante, si queremos ser más rigurosos, no representan lo mismo; producto o servicio se refiere a algo que se entrega al final de un proceso, mientras que valor se refiere al efecto, al impacto, al resultado causado por él. De momento, no hay porque preocuparnos con esas cuestiones - en secciones futuras, mostraremos como caracterizar explícitamente los resultados que debemos producir en nuestros procesos.

Transformación

Elemento importante en la representación de un proceso, la transformación es el componente que promueve cambios; son las transformaciones las que modifican las entradas de un proceso y generan resultados útiles para los agentes participantes.

Figura 3.2 - El símbolo de una transformación

22

Conectores

Valores y transformaciones precisan estar asociados y, principalmente, sincronizados para que sea posible la generación de resultados. El tercer símbolo que se usará en nuestra notación básica de procesos es un elemento conector, que promueve dicha integración.

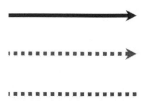

Figura 3.3 - Símbolos de conectores presentes en la notación VBPMN, representan, respectivamente, conexiones de entrada / salida, de referencias y de infraestructuras (esos conceptos se discutirán a continuación)

Volveremos ahora a la cadena de valor básica que presentamos en la figura 1.3. Al hacer una evaluación de aquella representación, llegamos a una conclusión impresionante: el diagrama que poseíamos era, en realidad, una cadena de valor "sin valores explícitos" (?!). De hecho, al representar solamente las transformaciones en cada etapa, dejábamos de registrar los componentes más importantes del proceso - y que son justamente los que dan nombre a ese tipo de diagrama: los valores. Estando en posesión de una notación que contiene símbolos para la representación de valores, de transformaciones y de sus conexiones, estamos ahora en condiciones de comenzar la construcción de una cadena de valor que realmente merece tal denominación:

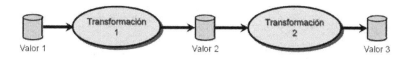

Figura 3.4 - Un primer acercamiento a una cadena de valor

Puertas lógicas

Un cuarto grupo de elementos básicos para la representación de nuestros modelos está formado por las llamadas puertas lógicas, componentes que generalmente poseen una de las siguientes funciones:

- a veces queremos representar la necesidad de que dos o más entradas estén necesariamente disponibles para que ocurra una transformación (si falta una de ellas, el proceso no se puede realizar). O, es más, queremos recalcar que la salida de una transformación generó necesariamente dos o más resultados. En esos casos, utilizamos puertas lógicas del tipo "Y", como podemos observar en las siguientes figuras.

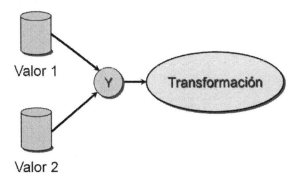

Figura 3.5 - Una puerta "Y" de entrada (dos entradas son necesarias para que ocurra la transformación)

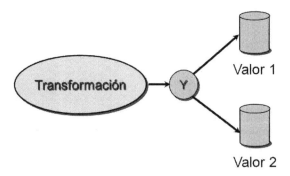

Figura 3.6 - Una puerta "Y" de salida (la transformación necesariamente genera dos salidas)

- también podríamos querer representar la posibilidad de que la transformación ocurra cuando está disponible sólo una de varias entradas, o aun teniendo alternativas excluyentes de salidas generadas en un proceso. En esos casos, utilizamos puertas lógicas del tipo "O", según lo ejemplificado a continuación.

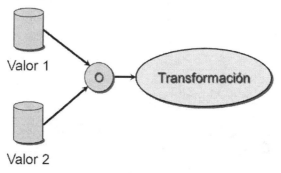

Figura 3.7 - Una puerta "O" de entrada (sólo se necesita una de las dos entradas para dar inicio a la transformación)

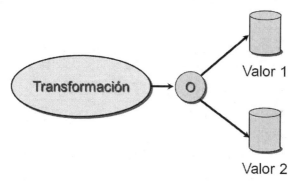

Figura 3.8 - Una puerta "O" de salida (la transformación sólo generará una de las dos salidas)

Con base en los elementos anteriores (valores, transformaciones, conectores y puertas lógicas) tenemos condiciones de realizar buenas representaciones de procesos – no obstante, con seguridad, existen otros símbolos que pueden perfeccionar aún más nuestros modelos.

Ya tenemos una célula base de procesos, compuesta por valores (entradas o salidas del proceso), por transformaciones y por conectores que los entrelazan. También vimos que, en algunas situaciones, usamos puertas lógicas para representar los requisitos específicos de nuestros procesos.

Vamos a concluir este capítulo presentando una característica interesante que se puede presentar en los valores, dependiendo de la posición que estos ocupen en un proceso dado.

Roles

Afirmamos en este texto que el elemento central de un proceso orientado a resultados es el valor. Identificamos inclusive un símbolo específico para representarlo en nuestros modelos.

En general, cuando hablamos de valor tendemos a pensar en los resultados generados por un proceso o por una de sus partes.

Sin embargo, cuando hablamos de procesos (y, en consecuencia, de cadenas de valor), percibimos que un valor generado por una parte del proceso (una salida) puede convertirse en entrada para otra parte del proceso. Esto, inclusive, ya lo vimos en diagramas anteriores.

Además de eso, no todas las entradas que contribuyen a la generación de un valor tienen el mismo rol en la transformación - en realidad, los roles que pueden asumir varían entre sí. Vamos a usar un ejemplo de nuestra vida diaria para aclarar esta reflexión.

Supongamos que usted desea preparar un postre para servir en el almuerzo de integración del próximo domingo. Si el encuentro fuera en nuestra casa, nuestros hijos Felipe y Luísa elegirían una "torta helada de chocolate y naranja" como primera opción, y en este caso, tendríamos las siguientes entradas necesarias para prepararla:

- pasta de chocolate;
- jugo de naranja;
- virutas de cascara de naranja;
- castañas de caju (marañón, anacardo);
- miel;
- vainilla;
- canela;

- dátiles;
- almendras;
- una licuadora;
- un procesador de alimentos;
- un refrigerador;
- un cocinero;
- la receta elegida.

Ahora note que, así se introduzca alguna simplificación en el proceso de preparación, es fácil observar diferencias notables entre las entradas que listamos:

- tenemos un grupo de elementos - que en la cocina llamaríamos ingredientes - que serán **transformados** durante el proceso de preparación de la torta. En esta categoría se encuentran la pasta de chocolate, el jugo de naranja, la viruta de cascara de naranja, las castañas de caju, la miel, la vainilla, la canela, los dátiles y las almendras. Después de ser agregados en las cantidades correctas (y siguiendo las instrucciones de la receta), los ingredientes originales se habrán convertido en el resultado deseado - ¡una deliciosa torta helada de chocolate con naranja! Las entradas de un proceso que se transforman en un resultado se llaman **insumos**;

- hay otro conjunto de entradas que posee una función distinta, la de **orientar** la transformación. En nuestro ejemplo, la receta de la torta asume ese rol, pues es ella la que representa la referencia a seguir durante el proceso, para garantizar el resultado deseado. Las entradas que orientan las transformaciones se denominan **referencias**;

- y finalmente, hay elementos del proceso que son **consumidos** (en todo o en parte) en las transformaciones que generan los resultados. El tiempo, la competencia y la experiencia del cocinero serán utilizados en el proceso, así como fracciones de energía y de material del refrigerador, de la licuadora y del procesador de alimentos. Las entradas que son consumidas en un proceso se les denomina **recursos de infraestructura**.

La diferenciación que hicimos es muy importante para una buena administración de procesos: imagine, por absurdo que suene, lo que sucedería con nuestra torta si incluyéramos la receta como uno de los ingredientes - ¡el sabor de las hojas de papel mezcladas con el chocolate sería incomible! Es más, piense en lo que ocurriría si determináramos que para hacer tres tortas tuviéramos que triplicar el número de recetas disponibles (probablemente, compraríamos tres libros de recetas y se nos incrementaría bastante el costo, cuando en verdad un sólo libro es suficiente).

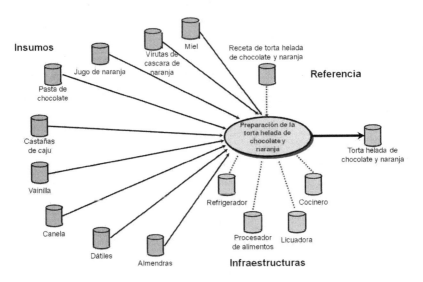

Figura 3.9 - El proceso - todavía agrupado - de preparación de una torta helada de chocolate y naranja, haciendo distinción de los roles asumidos por los valores implicados

Observe la distinción gráfica de los conectores relacionados con los distintos roles que pueden ser asumidos (insumos, referencias o recursos de infraestructura). Además, reflexione en que un mismo valor puede asumir diferentes roles en un mismo proceso - por ejemplo, el cocinero puede ser considerado como infraestructura para la preparación del postre, y al mismo tiempo puede ser un insumo de un proceso de entrenamiento que va a capacitar a todos los jefes de cocina de un restaurante.

Para concluir este capítulo, tres recordatorios básicos:

1. Un modelado de procesos orientado a resultados requiere, sin

falta, que los elementos principales de cualquier representación sean los valores generados en el contexto observado.

2. Una notación básica en el modelado de procesos debe contener símbolos específicos para la representación de valores, de transformaciones, de conectores entre los elementos y de puertas lógicas.

3. Las entradas de un proceso pueden asumir tres roles básicos y diferenciados, de acuerdo a su posición en las cadenas de valor: insumos (cuando se transforman en resultados), referencias (cuando representan orientaciones a ser observadas en transformaciones existentes en procesos) o recursos de infraestructura (cuando son consumidas - en todo o en parte - durante las transformaciones).

4 INICIANDO EL MODELADO

"We can work it out"
(Podemos solucionarlo)
John Lennon & Paul McCartney
"We Can Work It Out"

Si nuestra intención es poseer un modelo de proceso que nos acerque al máximo la realidad deseada, es probable que la forma como el modelo haya sido diseñado no sea una de nuestras primeras preocupaciones. No obstante, en la práctica, hay algunos caminos más efectivos que hacen que tengamos siempre en mente los resultados que deseamos obtener y que no nos desviemos de ellos. En este capítulo vamos a presentar una hoja de ruta bastante interesante y orientada a una gestión eficiente de los procesos.

Los resultados de su proceso

Imagine que está ante la hoja en blanco en la que iniciará el modelado de su proceso; ¿Qué haría? ¿Por dónde comenzaría?

Para responder a esa pregunta, debemos hacer otro cuestionamiento fundamental: ¿qué está buscando al modelar el proceso?

Si su respuesta a la cuestión anterior estuviera directamente relacionada a la generación de valor, a entregar mejores productos y servicios a los usuarios del proceso, a promover la satisfacción de los participantes y a garantizar la conformidad y la sostenibilidad de sus entregas, entonces no hay mejor alternativa que comenzar por los resultados.

En el capítulo 3 hablamos sobre la asociación de las salidas de un proceso a los valores que el genera, o sea, a los resultados deseados en su ejecución. De esta manera, el inicio de un modelado de procesos debe darse por la identificación de los resultados, que el proceso en estudio debe generar. En la siguiente figura vemos la célula básica de un proceso, con la indicación del elemento por el cual debemos iniciar el modelado - el valor / resultado final. Acostúmbrese a esa representación, ya que ella será recurrente en nuestros modelos de procesos - en verdad, es una clara representación de una red de (valores) de procesos actuando en sincronía.

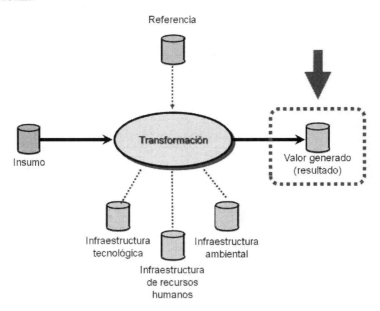

Figura 4.1 - Célula básica de un proceso, destacando el resultado (valor generado), elemento inicial del modelado

Valiéndonos del ejemplo cotidiano del capítulo 3, la torta helada de chocolate y naranja (y su impacto) era el resultado que deseábamos ver realizado cuando ejecutamos el proceso de su preparación.

En la vida real de nuestras organizaciones, los resultados pretendidos suelen encontrarse en varias fuentes de consulta, como en las normas de creación de instituciones o de sus unidades (reglamentos internos, manuales normativos), en planes estratégicos, en agendas de prioridades de las directivas – en fin, no es difícil localizar lo que se debe hacer.

No obstante, todos nosotros fuimos tan condicionados a pensar en el trabajo ejecutado - y no en sus resultados -, que cuando se nos solicita mencionar nuestras contribuciones organizacionales, acostumbramos describir acciones, actividades o algo similar, en vez de referirnos a las entregas que realizamos. Por ejemplo, en vez de decir que generamos "funcionarios capacitados" en un proceso de entrenamiento que administramos, podemos vernos inclinados a decir que nuestro resultado es "dar clases de gestión de procesos a los empleados de la institución".

No debemos desanimarnos por eso, pero es fundamental apartar nuestra atención de las actividades realizadas para pensar más en los resultados del proceso, algo extremamente estratégico y que va a orientar todo nuestro trabajo futuro. Y una vez que tengamos identificados los resultados previstos, debemos describir la calidad que deberán exhibir.

Vamos a usar en las próximas discusiones una versión simplificada de los procesos internos de una organización ficticia (la "Empresa X"), constante del sitio web www.labp3.net.

Imaginemos que tal empresa imparte un proceso de capacitación de profesionales en gestión de procesos para una futura prestación de servicios. Así, nuestra primera preocupación debe ser la de identificar cual es el resultado final de ese proceso. ¿Qué tal si identificamos un resultado denominado "Consultor de procesos preparado para actuar en el mercado"?

Consultor de procesos preparado para actuar en el mercado

Figura 4.2 - Valor final del proceso de capacitación en gestión de procesos

El simple hecho de haber destacado explícitamente el resultado de nuestro proceso representa una gran ventaja para la gestión - recuerde que la mayoría de las cadenas de valor construidas no tienden a centrar la atención en ese detalle. Aun así, eso no parece ser suficiente para lo que deseamos.

Si no caracterizamos lo que consideramos aceptable para que a un consultor de procesos se le considere preparado para actuar en el mercado, podríamos tener problemas futuros en la prestación de servicios, a causa de, por ejemplo, un profesional con baja cualificación. En otras palabras, nuestro proceso no se satisface con cualquier consultor que formamos para actuar en el mercado, sino solamente con aquellos que cumplen las características que establecemos como aceptables.

Vamos a hacer un ejercicio, representaremos las características que necesitamos para la conformidad de nuestro resultado (en la solución informática P3Tech / LabP3 es posible añadir tales informaciones a los elementos de procesos modelados):

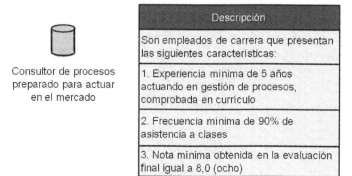

Descripción
Son empleados de carrera que presentan las siguientes características:
1. Experiencia mínima de 5 años actuando en gestión de procesos, comprobada en currículo
2. Frecuencia mínima de 90% de asistencia a clases
3. Nota mínima obtenida en la evaluación final igual a 8,0 (ocho)

Consultor de procesos preparado para actuar en el mercado

Figura 4.3 - Características de calidad asociadas al valor "Consultor de procesos preparado para actuar en el mercado"

Vamos a resumir este hecho importante que acabamos de discutir: una descripción de procesos eficiente y más real debe comenzar por la identificación y por la caracterización de sus resultados. Ese aspecto es el norte a buscar siempre, cuando se trata del desglose y la ejecución del proceso. De nada serviría tener los actores y las acciones representados y conectados, si no supiéramos cual es el resultado que se persigue. Un resultado bien descrito permite buenas tomas de decisión - lo que rara vez ocurre con una simple visión de un flujo de actividades.

Los resultados representados tienen que reflejar, necesariamente, lo que se espera de nuestro proceso, considerando definiciones estratégicas, competencias normativas y necesidades contextuales de los usuarios presentes.

Las características de calidad asociadas a cada resultado garantizan una verificación permanente de la conformidad de aquello que el proceso está generando; para determinar esas características, es imprescindible que oigamos a los agentes que interactúan y que hacen uso de los resultados que estamos modelando. Si se da el caso en que el resultado a ser suministrado no es de la satisfacción de los clientes o usuarios del proceso, ¡su uso será insignificante!

Ahora que usted sabe identificar los resultados de un proceso y caracterizarlos, tenga en cuenta que siempre es posible perfeccionar la descripción hecha. Podemos, por ejemplo, incluir una descripción sobre que motivó el surgimiento de ese resultado (un dispositivo legal; una amenaza o una oportunidad identificada en el planeamiento estratégico; un requerimiento de los equipos participantes en el proceso). Otra buena opción es describir el objetivo, el impacto que clientes y/o usuarios del proceso percibirán, una vez se obtenga el resultado en cuestión.

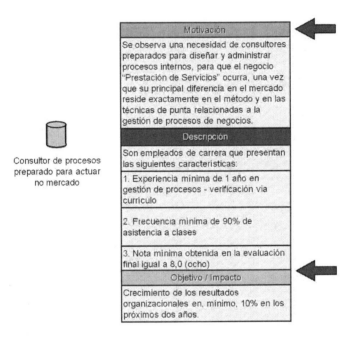

Figura 4.4 - Valor "Consultor de procesos preparado para actuar en el mercado" y su respectiva caracterización ampliada

¿Qué necesita para generar sus resultados?

Unos resultados bien descritos son el mejor punto de partida para una buena gestión de procesos; no obstante, si recuerda lo que vimos en el capítulo anterior, toda transformación que pretende generar valores, precisa sincronizar insumos (lo que será transformado), referencias (lo que orientará la transformación) y recursos de infraestructura (lo que será consumido). Detallar que usted es el responsable por la generación de un resultado, y que este ya se encuentra caracterizado; es el momento de identificar las entradas necesarias al alcance de los objetivos de sus procesos.

Volviendo a nuestro ejemplo de capacitación en gestión de procesos – cuyo resultado final es un "Consultor de procesos preparado para actuar en el mercado", digamos que el insumo principal para su realización sean los propios empleados que tienen conocimiento técnico del negocio, y que serán transformados en consultores en caso de ser aprobados en el entrenamiento. Podemos identificar, como referencia para el curso, el contenido programático de gestión de procesos, mientras que son infraestructuras el instructor (recurso humano) -, un computador con el aplicativo P3Tech / LabP3 y un proyector (recursos materiales), además de una oficina de trabajo.

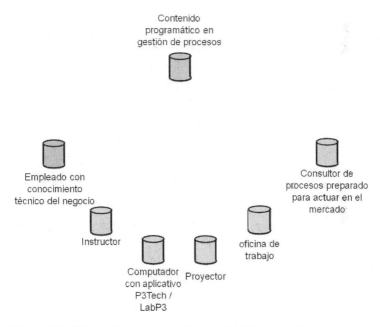

Figura 4.5 - Valores de un proceso de capacitación en gestión de procesos

Como ya vimos, después de haber identificado los componentes es necesario incluir las características de calidad de cada elemento del proceso. En la vida real, es muy posible que los insumos, las referencias y las infraestructuras que usted necesita sean resultados de otras personas en el proceso; así, puede ser que al pretender modelar esos elementos usted ya se encuentre con sus descripciones hechas por sus responsables. Eso ya se esperaba, dado que la idea de cadena de valor es justamente esa – los resultados de una persona pasan a ser insumos, referencias o infraestructuras para otras, hasta la generación de los resultados finales del proceso. Digamos que uno de nuestros componentes presenta las siguientes descripciones:

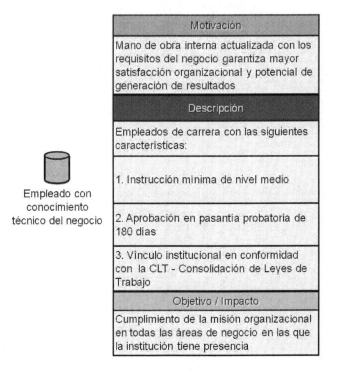

Empleado con
conocimiento
técnico del negocio

Motivación

Mano de obra interna actualizada con los requisitos del negocio garantiza mayor satisfacción organizacional y potencial de generación de resultados

Descripción

Empleados de carrera con las siguientes características:

1. Instrucción mínima de nivel medio

2. Aprobación en pasantía probatoria de 180 días

3. Vínculo institucional en conformidad con la CLT - Consolidación de Leyes de Trabajo

Objetivo / Impacto

Cumplimiento de la misión organizacional en todas las áreas de negocio en las que la institución tiene presencia

Figura 4.6 - Caracterización del valor "Empleado con conocimiento técnico del negocio", del proceso de capacitación

Siguiendo el ejemplo que vimos para el valor arriba, todos los demás valores implicados en el proceso deberán presentar sus características de validez, y una vez que los resultados, los insumos, las referencias y las infraestructuras sean conocidos, podremos pensar finalmente en la transformación que va a generar valor para nuestro proceso.

Transformando entradas en salidas

Ya estamos muy cerca de concluir la representación de nuestra primera célula del proceso en estudio. A decir verdad, probablemente sólo nos falta incluir la transformación que va a sincronizar los demás elementos por medio de los conectores respectivos.

Vamos entonces a ubicar el símbolo de transformación en nuestro diagrama.

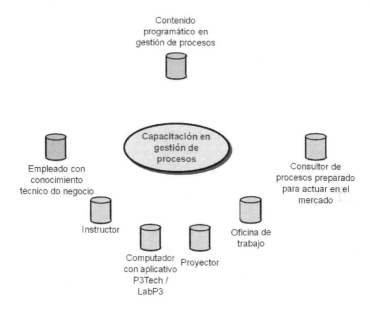

Figura 4.7 - Entradas, transformación y salida de un proceso de capacitación en gestión de procesos

Si usted pensó que, siguiendo el ejemplo de las entradas (insumos, referencias e infraestructuras) y salidas (resultados / valores generados), también necesitamos caracterizar las transformaciones, ¡muy bien! Partimos de nuevo del principio de que si no tuviéramos la cualificación explícita de las partes de nuestro proceso, no tenemos como administrar bien sus resultados.

Hace poco dijimos que, la mayoría de las veces, las entradas que usted precisará sincronizar para obtener sus resultados serán producidas por otras personas y/o unidades. Así, la primera información fundamental que la descripción de su transformación debe contener es la calidad que usted espera al recibir cada componente. Por ejemplo, la unidad de recursos humanos va a enviarle a usted, instructor del proceso de capacitación, una lista de empleados candidatos a la formación; ¿cuáles son los criterios mínimos para que usted acepte tales candidatos, indispensables para seguir con el proceso?

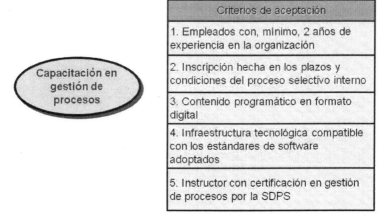

Criterios de aceptación
1. Empleados con, mínimo, 2 años de experiencia en la organización
2. Inscripción hecha en los plazos y condiciones del proceso selectivo interno
3. Contenido programático en formato digital
4. Infraestructura tecnológica compatible con los estándares de software adoptados
5. Instructor con certificación en gestión de procesos por la SDPS

Figura 4.8 - Criterios de aceptación de las entradas del proceso de capacitación

Esto mismo se debe repetir para cada una de las entradas existentes en el proceso (referencias e infraestructuras) y siguiendo la lógica presentada, sólo deberemos establecer las conexiones de los componentes de entrada y salida con las transformaciones, si todos los requisitos (características de calidad de los valores de entrada, y criterios de aceptación de las transformaciones) se armonizan. En caso de no encontrar algún par criterio / característica, podrán ocurrir algunas situaciones:

- el proveedor del elemento de entrada alterará la característica de su insumo / referencia / infraestructura, satisfaciendo el criterio esperado (por ejemplo, seleccionando nuevamente a los empleados que harán parte del entrenamiento con base en un criterio exigido por el instructor);

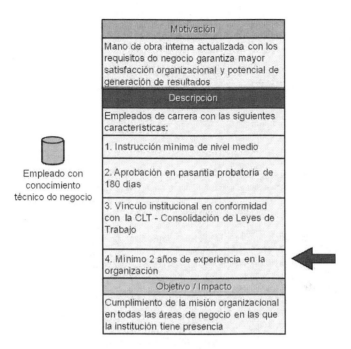

Figura 4.9 - Alteración de característica original del insumo, para cumplimiento de criterio de aceptación de "empleados con, por lo menos, 2 años de experiencia en la organización"

- el responsable de la transformación alterará el criterio de aceptación, satisfaciendo la característica descrita en la entrada (situación inversa a la del ítem anterior – en este caso, el instructor alteraría sus exigencias con relación a los entrenados);

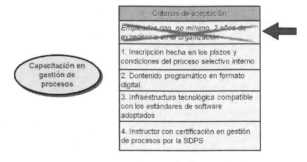

Figura 4.10 - Alteración del criterio de aceptación - supresión de la exigencia de "empleados con, por lo menos, 2 años de experiencia en la organización" -, para garantizar la conformidad con las características del insumo "Empleado con conocimiento técnico del negocio"

- ambos participantes alterarán sus requisitos iniciales, generando un nuevo arreglo satisfactorio para todos (área de recursos humanos e instructor alteran sus requisitos originales, dando origen a nuevos criterios y características que satisfacen el proceso);

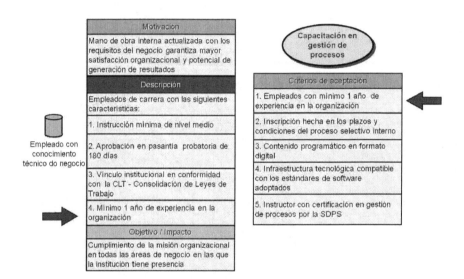

Figura 4.11 - Alteración tanto de la característica original del insumo como del criterio de aceptación original de la transformación, para garantizar la conformidad (exigencia de experiencia en ambos reducida a 1 año)

- de no haber acuerdo, no se establecerá una conexión en el proceso y, así, deberán buscarse nuevos elementos y responsables para la generación de los resultados.

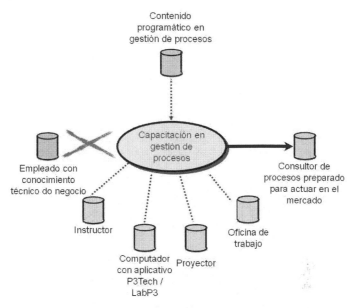

Figura 4.12 - Imposibilidad de acuerdo - no hubo compatibilidad de expectativas y debe encontrarse un nuevo insumo

Cuando todos los requisitos (características asociadas a los valores de entrada implicados y los respectivos criterios usados por el responsable de las transformaciones) estén sincronizados, tenemos un modelo que comienza a reflejar una cadena de valor, ¡de verdad! Los valores están bien identificados y especificados, así como la forma en que ellos interactúan; tenemos una buena descripción de la calidad de lo que va a generarse, disminuyendo la posibilidad de que ocurra alguna sorpresa desagradable.

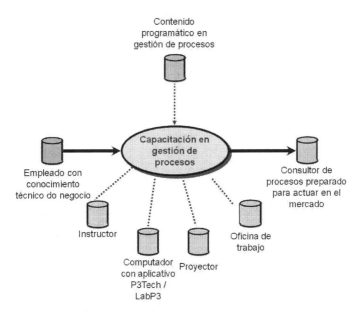

Figura 4.13 - Proceso general de capacitación en gestión de procesos, con las debidas conexiones que representan que hubo concordancia entre las características presentadas por los valores y los criterios de aceptación de la transformación

Debemos, entonces, mejorar la descripción de nuestras transformaciones con, por lo menos, dos nuevos grupos de información.

Condiciones y acciones

En la forma que estructuramos nuestro proceso hasta ahora, tomamos algunos cuidados para garantizar que la calidad de las entradas que usaremos para generar nuestros resultados sea concordante con nuestras expectativas. No obstante, aunque eso suceda, durante la ejecución del proceso, podemos percibir la existencia de algunas condiciones que nos exigirán ciertas acciones para garantizar la concordancia de los resultados.

Por ejemplo: en nuestro proceso de capacitación en gestión de procesos, aunque todos los aprendices tengan la cualificación para hacer el entrenamiento, debemos recordar que hay una característica del consultor aprobado que es la exigencia de una frecuencia mínima de 90% de las aulas impartidas. Ya que deseamos el éxito del entrenamiento, ¿sería razonable que esperásemos hasta el fin de las clases para verificar si todos los aprendices cumplieron lo esperado? ¿No corremos el riesgo de comprometer nuestro resultado por el no cumplimiento de la calidad deseada?

Un buen gestor de procesos asume, de antemano, que pueden ocurrir algunas condiciones contextuales y que, si se detectan a tiempo, pueden evitar grandes trastornos sobre el trabajo realizado. Así, digamos que un grupo de condiciones y acciones asociadas, en nuestro ejemplo, sea del tipo:

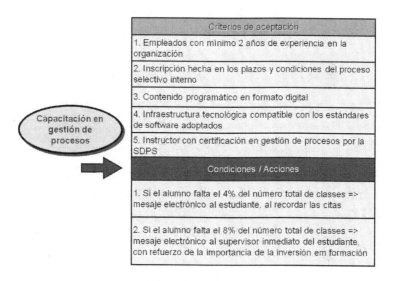

Figura 4.14 - Condiciones y acciones respectivas relativas a la transformación presente en el proceso de capacitación

Como podemos ver, los planes de acción creados - que pueden incluir contingencias y más detalles, como los responsables de cada acción - mejoran sensiblemente el conocimiento del proceso y, sobre todo, documentan la toma de decisión antes de la ocurrencia de algún hecho real. Tal conjunto condición / acción sirve, también, para que gestionemos una categoría de riesgos que muchas veces no percibimos, o sea, aquellos asociados a las oportunidades derivadas de cambios contextuales. Un ejemplo bastante claro de eso ocurre cuando tenemos componentes en nuestro proceso cuyos precios varían de acuerdo con la cotización de monedas extranjeras – en ese caso, podemos identificar que cuando ocurre una condición de cambio favorable, tomaremos la acción de adquirir más insumos para la producción de nuestros resultados, aprovechando la situación positiva de la economía.

Y, finalmente, las actividades

Durante todo este libro intentamos demostrar que una buena conceptualización de procesos consigue elevar el tema hacia algo más completo que una simple secuencia de actividades, como ocurre en la vida real. Hasta aquí, procuramos mostrar las ventajas de modelar un proceso a partir del conocimiento y de la descripción de los resultados que buscamos alcanzar, de la percepción de los insumos, referencias e infraestructuras que serán necesarias para la generación de valor, de la discusión con respecto a la calidad de todos los elementos participantes y del registro de condiciones y acciones que pueden ocurrir durante la ejecución del proceso. Si usted está frustrado por que no hemos mencionado las actividades incluidas en la transformación de entradas para la generación de resultados, llegó la hora de que hagamos su representación.

La descripción de las actividades debe incluir los pasos que imaginamos necesarios para producir resultados con la calidad descrita y preservando las características mencionadas en el proceso. En nuestro ejemplo, podríamos mencionar como actividades relacionadas con la capacitación en gestión de procesos:

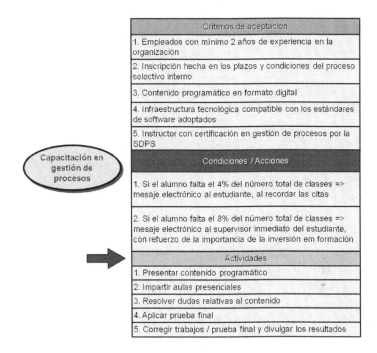

Figura 4.15 - Actividades relacionadas con la transformación presente en el proceso de capacitación

Como usted puede ver, describir actividades, siendo ya de su conocimiento los demás componentes y requisitos del proceso torna el trabajo mucho más rico - además de permitir que los participantes registren todo el conocimiento asociado en el momento del modelado, y no sólo un conjunto de etapas o tareas.

A esta altura usted se debe estar preguntando si algunas (o inclusive cada una) de las actividades descritas no merecería ser separada en una transformación propia, detallando aún más nuestra representación del proceso. ¡La respuesta a esa pregunta es sí! - y ese asunto será el tema de nuestro próximo capítulo.

Para concluir este capítulo, tres recordatorios básicos:

1. La caracterización de la calidad de todos los valores implicados en su proceso es una forma segura de volver explícito el resultado

esperado. Eso se aplica a los valores a ser generados (salidas del proceso) y para todas las entradas (insumos, referencias e infraestructuras), teniendo en cuenta que tal caracterización puede ser mejorada aún más si conseguimos identificar las justificaciones para dichos resultados y los impactos que imaginamos que ellos causarán en el contexto.

2. A partir del valor a ser generado, es preciso identificar todos los otros elementos que imaginamos sean necesarios para su existencia. Se debe efectuar una compatibilidad entre la calidad que el responsable del resultado espera y aquella que todos los proveedores participantes perciben - solamente cuando haya una alineación entre dichas expectativas podremos decir que el proceso cuenta con las condiciones para ser ejecutado.

3. Una vez verificada la conformidad descrita en el ítem anterior, debemos identificar las condiciones diversas que podrían ocurrir en la ejecución del proceso y las respectivas acciones a tomar, de forma que nos prevengan de sorpresas desagradables. También debemos, registrar las actividades necesarias para la generación de los resultados.

5 AMPLIANDO LAS CADENAS DE VALOR

"Here comes the sun
And I say: 'it's all right'"
*(Aquí viene el sol
Y yo digo: 'todo va bien')*
George Harrison
"Here Comes the Sun"

Iniciamos el modelado de nuestro proceso con la identificación y caracterización de los resultados que queríamos alcanzar. Luego, cuando aprendimos a registrar los componentes necesarios para llegar a dichos resultados, planteamos insumos, referencias, infraestructuras y transformaciones que, una vez sincronizados, nos suministraron un primer modelo de nuestro proceso.

La riqueza de detalles que obtuvimos con ese procedimiento ya es mucho mayor que la que teníamos al modelar el flujo de actividades - y, por eso mismo, es posible tomar decisiones en nuestro proceso aunque lo que hemos representado es sólo una visión global del mismo. Sin embargo, en general, nos interesa describir cadenas de valor más extensas que documenten y detallen lo que está sucediendo en nuestro proceso.

Modelando la realidad como describimos en el capítulo anterior, llegamos a la representación de un proceso que contiene sólo una transformación de entradas en resultados, la cual probablemente presenta una de las dos situaciones indicadas a continuación:

* La transformación es vista como la integración de todo el proceso descrito en un único sitio, con la representación de sus insumos, referencias e infraestructuras generales (no hay preocupación de tener la visión de una secuencia de todas las transformaciones presentes – con la mayor probabilidad, esa secuencia está descrita en la lista de actividades que registramos);

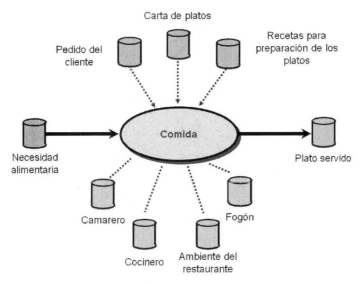

Figura 5.1 - Visión de un proceso - "Comida"- agregado en una única transformación (visión general del proceso)

* La transformación registrada representa la última fase del proceso, o sea, aquella que se encuentra más próxima a la entrega de los servicios / productos / resultados (en ese caso, nuestra identificación y caracterización de insumos, referencias e infraestructuras consideró sólo la parte más importante del proceso global, por estar en la interface de sus resultados).

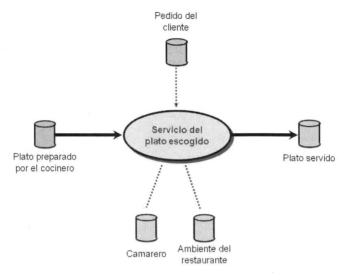

Figura 5.2 - Visión de la última transformación del proceso (etapa más cercana a los resultados finales, "Servicio del plato escogido")

Vamos a discutir dos formas de expansión de las cadenas de valor de forma un poco más detallada.

Primera situación: desintegrando transformaciones

Cuando nuestra intención es separar informaciones que están concentradas en una única transformación, el movimiento se da de manera interna al proceso. En otras palabras, sentimos que podemos mejorar el entendimiento y la consiguiente toma de decisión si "explotamos" las transformaciones en otras de menor nivel. Este tipo de procedimiento está muy asociado al conocimiento que vamos adquiriendo de nuestro proceso: es probable que, en la instancia inicial, no tengamos la capacidad de avanzar mucho en su descripción - entonces, optamos por dejar varios de sus aspectos integrados. Sin embargo, en la medida en que nos vamos sintiendo más cómodos, obtenemos condiciones para construir modelos más explicados y con un mayor nivel de detalles.

Otro aspecto que nos puede llevar a ese recurso es que cuando nuestra visión del proceso está integrada, la representación de la realidad no es tan fiel y esto puede generar decisiones imperfectas; por ejemplo: si en el proceso integrado de la figura 5.1 hemos representado una transformación siendo efectuada por el camarero y por el cocinero, esto nos lleva a creer que toda acción es realizada al mismo tiempo por todos los participantes - lo que difícilmente será cierto. Lo más correcto es que observemos al camarero atendiendo al cliente y al cocinero siendo responsable de la preparación de los platos. Desintegrando informaciones, tenemos la capacidad de llegar a un modelo más cercano a la realidad y de aplicar acciones específicas a cada momento del proceso.

Volviendo a nuestro ejemplo de capacitación en gestión de procesos, vemos que nuestra representación da a entender que todo ocurre de una sola vez, como si el curso completo ocurriera en un solo momento. Tal vez una representación más fiel de la realidad se de en la figura que le sigue, en la cual desintegramos una transformación en dos: una representando las clases impartidas y otra referente a la evaluación de los resultados, usando como guía para ello, la propia descripción de actividades que teníamos en el proceso anterior - note que, a partir de ahora, mantendremos a diferenciación gráfica entre insumos, referencias, infraestructuras y valores generados solamente con los conectores asociados a cada rol, toda vez que, dentro de una cadena de valores, un elemento puede asumir simultáneamente más de un rol (por ejemplo, "Empleado con conocimiento teórico práctico es, al mismo tiempo , valor generado por "Aulas de gestión de procesos" e insumo para "Evaluación final del curso").

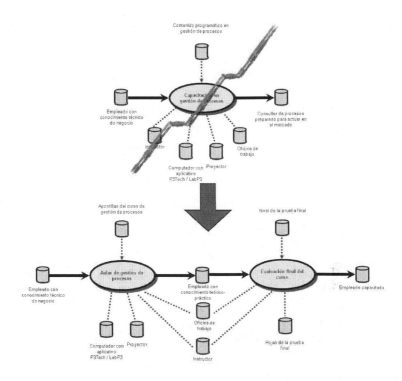

Figura 5.3 - Proceso original y versión más detallada, a partir de la separación de una transformación en dos partes

Como podemos ver, el haber separado la transformación original ("Capacitación en gestión de procesos") en dos ("Aulas de gestión de procesos" y "Evaluación final del curso"), nos lleva a tener una representación más enriquecida del proceso real. Los componentes de cada transformación están bien localizados y asociados a lo que deseamos en cada punto del proceso - por ejemplo, el "Nivel de la prueba final" está asociado específicamente al momento de la evaluación, siendo innecesario para la parte de las clases. En otras palabras, el momento de impartir las clases no quedará parado si no tenemos dicho nivel disponible en ese momento (y tampoco consumirá ningún costo asociado a aquel documento), lo que parecía estar representado en el modelo original. Observe que el conocimiento que adquirimos al hacer la separación hace que se creen o alteren elementos en nuestra representación. Además, como seguimos preocupados con la descripción de los componentes participantes, ahora podemos contemplarlos con una "lente de aumento", llegando a un registro más depurado.

Ahora que usted ya sabe cómo expandir una cadena de valor a partir de la desintegración de transformaciones, siéntase libre de proseguir hasta que llegue a una representación satisfactoria; hablando bien claro, es casi seguro que podrá seguir perfeccionando su modelado, y la decisión de parar por el momento – en caso de darse - deberá tomarse de acuerdo con propósitos mayores del proyecto. Lo importante es saber que, en cualquier momento, el modelo de procesos debe propender por una mejor toma de decisiones.

Vamos entonces a conocer otra forma común de separar un proceso.

Segunda situación: "caminando hacia atrás" (expandiendo las fronteras)

Otro estilo de modelado de procesos orientados a la generación de resultados es aquel en que observamos las fronteras de nuestra representación y decidimos que nos gustaría conocer los propios procesos que las generaron. ¿Confundido? Entonces vamos explicarlo un poco mejor.

Llamamos fronteras del proceso a todos los valores-límite de nuestra representación, o sea, todos los insumos, referencias o infraestructuras que no fueron representados como consecuencia de una transformación en nuestro modelo.

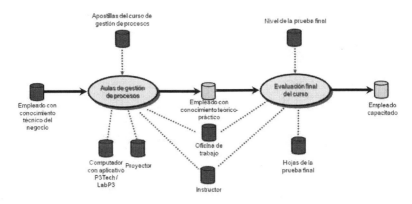

Figura 5.4 - Proceso de capacitación en gestión de procesos con sus fronteras indicadas (valores destacados)

En el caso de la figura anterior, no hubo ninguna preocupación en, por ejemplo, el que representáramos el proceso de generación de las apostillas del curso de gestión de procesos - nosotros sólo utilizamos dicha referencia. No obstante, si fuera importante el que tengamos el conocimiento asociado a dicha producción (por ejemplo, si necesitamos cuantificar el tiempo y el costo asociado a dicho elemento), debemos visualizarla como un valor final de una transformación y repetir los pasos presentados anteriormente, o sea, identificar y caracterizar los insumos, las referencias y las infraestructuras asociadas, representar la transformación implícita y hacer las debidas verificaciones de conformidad.

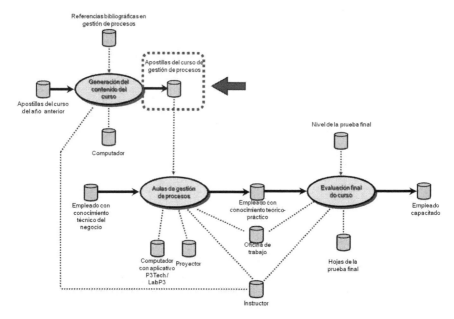

Figura 5.5 - Proceso de capacitación en gestión de procesos, con expansión de la frontera relativa a la generación de las apostillas del curso de gestión de procesos

A diferencia del caso anterior, aquí nuestra visión estaba centrada en las entregas finales de un proceso y vamos "abriendo nuestra lente" a medida que nos alejamos dos usuarios para nos concentrarmos más internamente à generación dos valores.

Es casi seguro que usted vaya a usar ambos enfoques de construcción de cadenas de valores, a menudo inclusive simultáneamente; en cualesquiera de las situaciones, vale el mismo consejo: dicte el ritmo de los trabajos y el nivel de los detalles de acuerdo con sus necesidades del momento - no espere a la construcción completa de una cadena de valor para comenzar a actuar en la mejora de los resultados de sus procesos - no pierda el foco de los resultados finales. Puede ser que usted decida que un modelo nunca estará completo y que la cultura de gestión de procesos llegue a estar tan presente en su vida, que las representaciones estén siempre evolucionando - pero, siempre es bueno recalcar: desde el primer momento usted ya habrá cosechado los frutos de esta cultura actualizada de cómo administrar procesos.

Para concluir este capítulo, recordatorios básicos:

1. Expandir los modelos de procesos lleva a la construcción de cadenas de valor más detalladas y más fieles a la realidad, principalmente cuando queremos tener mejor control de aspectos como costos, tiempos y participación de agentes en cada etapa.

2. La ampliación de las cadenas de valor de un proceso que se encontraba en mayor nivel de integración se da por la "explosión" de las transformaciones representadas en un número mayor de etapas - es un mecanismo de mayor conocimiento interno del proceso ya representado.

3. La ampliación de las cadenas de valor por la expansión de fronteras de un proceso se da cuando deseamos representar también los procesos de generación de insumos, referencias e infraestructuras que antes eran considerados como datos de entrada suministrados. La mayoría de las veces, la ampliación de las cadenas de valor se dará simultáneamente tanto por la desintegración de transformaciones como por la expansión de fronteras.

6 GANANDO VELOCIDAD (Y CONFORMIDAD)

"Come together
Right now, over me"
(Únanse
Ahora mismo, junto a mí)
)
John Lennon & Paul McCartney
"Come Together"

Para concluir nuestros capítulos relacionados con el modelado de procesos, vamos a presentar algunas técnicas para tornar nuestros modelos más rápidos de construir y más fieles a la realidad. Si usted acompañó todo lo que mostramos hasta ahora - y, principalmente, si usted ya tiene alguna experiencia en modelado de procesos -, tal vez tenga la siguiente duda: ¿cómo podemos ganar velocidad en nuestros proyectos, si ahora los modelos de proceso poseen más componentes y más detalles que antes?

De hecho, vimos que un modelo de procesos se torna mucho más consistente cuando posee una diferenciación entre los diversos tipos de entrada necesarios para generar un resultado (insumos, referencias o recursos de infraestructura). Además de eso, todos los valores implicados en los procesos, así como las transformaciones existentes, deben ser caracterizados en términos de la calidad que esperamos percibir, o sea:

- los valores deben, mínimo, presentar una descripción de las características de validez (compromisos / estándares de calidad e indicadores respectivos), siendo también deseable que registremos la motivación de su existencia y los respectivos objetivos / impactos;

- las transformaciones deben presentar, por lo menos, un conjunto de criterios considerados necesarios para la aceptación de los valores implicados, una relación de condiciones que pueden ocurrir y las acciones respectivas a tomar, además de un alistamiento de las actividades incluidas.

Para compensar ese desglose - que, ciertamente, llevará algún tiempo adicional para usarlo en la caracterización del modelo -, elegimos seis pistas que le serán bastante útiles.

Primera pista: comenzar a modelar a partir de los resultados

A pesar de que esta pista ya fue dada anteriormente, siempre es bueno destacarla: cuando iniciamos la construcción del modelo desde los resultados (en otras palabras, en el sentido contrario de la visión tradicional), ya establecemos a donde queremos llegar. Así, cuando llegue el momento de rendir cuentas del proceso modelado, tendremos, por lo menos, las informaciones más cercanas de su razón de ser - y esto tiene un impacto enorme para el gestor del proceso, con toda seguridad.

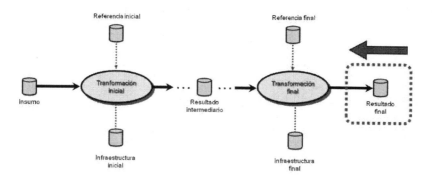

Figura 6.1 - Indicación del sentido propuesto para el modelado de un proceso (desde los resultados hacia las demandas iniciales)

Segunda pista: representar solamente un modelo

Debemos olvidar la visión tradicional de que necesitamos de un modelo detallado del proceso actual (el cual serviría para un señalamiento de las respectivas disfunciones) y de un modelo del proceso propuesto, con las debidas mejoras incorporadas. Los gestores modernos no tienen tiempo que perder con el modelado del proceso que desean transformar (o incluso abandonar) y cerca de 60 a 70% de la disponibilidad del proyecto se consume sólo en el diseño del proceso, cuando optamos por la forma tradicional de trabajar.

No queremos decir con eso que no es importante conocer el desempeño del proceso actual, ya que es información fundamental para poder saber cuan distantes estamos de la calidad deseada; no obstante, tal conocimiento se refiere a los resultados de los procesos, y no a su representación en etapas, salidas, entradas y otros requisitos.

Necesitamos el tiempo que tengamos disponible para introducir innovaciones en el proceso y alinearnos con la realidad cuanto sea posible- por lo tanto, en el proceso actual, debemos modelar solo lo que sea imprescindible. En verdad, debemos buscar sustituir los dos modelos usados anteriormente (el "actual", llamado generalmente en la cultura como procesos de "AS IS" - que deseamos abandonar - y lo "propuesto", también conocido como "TO BE" - en general tan poco innovador que faltan informaciones para una gestión efectiva) por un único modelo, el del "proceso que debemos administrar en la fecha de hoy". Un amigo nuestro dice, con mucha propiedad, que los modelos "actuales" ("AS IS") construidos de la forma convencional son en verdad mapas de procesos "AS WAS", pues representan un pasado que realmente necesitamos.

Como estamos tratando un enfoque evolutivo y orientado al intercambio del conocimiento, no hay problema si al día siguiente, tenemos más información para incluir en nuestro modelo - él siempre estará evolucionando, con todo, la toma de decisión será posible desde el primer instante.

Tercera pista: intercambiar la visión del problema por la visión de la solución

Dependiendo de la profundidad con que llevemos tales lecciones a los proyectos y a nuestras vidas, surgirá una nueva forma de ver el mundo. Desde pequeños nos condicionaron a algunos comportamientos como "esperar siempre lo peor", "trabajar con restricciones" y cosas por el estilo. Así, es común (aunque no sea natural) que encontremos métodos, herramientas y tecnologías de gestión que se ocupan de identificar problemas y escoger cuáles de ellos tendremos condiciones de resolver. En el análisis tradicional de procesos, por ejemplo, vimos que nuestros equipos están orientados a identificar cuáles son las disfunciones existentes en la forma actual de ejecución de las rutinas y, a partir de tal relación, determinar cuáles de ellas serán corregidas en la proposición de un nuevo proceso. A ese tipo de enfoques les llamamos "medicina de la enfermedad", pues se parecen mucho a nuestra visión de tomar medicamentos cuando estamos sintiendo que algo no va bien. No es objetivo de este libro profundizar en ese asunto, pero cuando concentramos nuestra visión en las dificultades que enfrentamos, hay una tendencia clara a convertirnos en individuos menos felices, más taciturnos, y poco innovadores. La falta de innovación en la gestión de un proceso es fatal para poder alcanzar resultados desafiantes.

Para nuestra suerte, también hay una "medicina de la salud", es aquella en que, por ejemplo, en vez de preocuparse por prescribir un coctel de medicamentos para intentar reducir el peso de una persona (sin preocuparse por sus aspectos internos), se preocupa por prescribir cuales serían los patrones a seguir para una vida saludable, tales como:

- dormir, mínimo ocho horas por noche;
- mantener buenas relaciones familiares y con los amigos;
- caminar por lo menos cincuenta minutos diarios;
- tener una alimentación saludable;
- practicar meditación;
- tener un trabajo que le guste.

Como vimos, los enfoques son bastante distintos - el primero de ellos, basado en disfunciones, es el que usamos tradicionalmente (o usábamos antes de leer este libro) en nuestros modelos de procesos. El segundo enfoque es similar a la caracterización de los valores que ya presentamos, y provee beneficios inequívocos. Tal vez, el mayor de ellos es la forma positiva de encarar las situaciones, inclusive lo que dice respecto a que tendremos que mejorar: comparativamente, en vez de sentirnos mejores solamente cuando conseguimos alcanzar el peso ideal (a costa de medicamentos y de sus efectos colaterales), pasamos a sentir alivio desde el momento en que sabemos que estamos en el camino correcto para adelgazar, mejorando continuamente cada día - Bruno sabe bien lo que es eso, pues usó tales conceptos - sin saber que hacía gestión de procesos - para perder más de 22 Kg en un período de un año y no volver a recuperarlos, siendo más saludable...

Cuarta pista: Haga partícipe a tantas personas como le sea posible

Hay un antiguo refrán italiano que dice: *"traduttore, traditore"* (o sea, todo traductor es - de cierta forma - un traidor). Por más bienintencionado que pueda ser un modelador de procesos, al registrar lo que oyó de alguien que realiza el trabajo, él estará dando su interpretación - con todas las distorsiones posibles que eso puede acarrear. Es como el viejo juego infantil del "teléfono roto": por más que intentemos reproducir en su totalidad el mensaje original, es casi seguro que se introducirá algún error.

Más allá de eso, cuando el número de modeladores del proceso es inferior a la cantidad de personas que trabajan en él - o sea, casi siempre; en los proyectos tradicionales de gestión de procesos -, los que hacen el diseño, son quienes determinan el ritmo de la representación. Podremos tener varias personas disponibles para dar su contribución sin que sea posible recibirlas, pues los modeladores del proceso no dispondrán de tiempo para oírlas.

Finalmente, hay una gran diferencia entre modelar las contribuciones de los individuos que actúan en un proceso y agruparlas de manera simplista. Por ejemplo, es muy común observar modelos de proceso que agrupan un determinado perfil de trabajo, en vez de representar individualmente todos los funcionarios asociados a él (en la siguiente figura, mostramos un ejemplo entre el modelado simplista en un perfil "analista" y otro modelado que permite la representación de los tres individuos que trabajan como analistas en el proceso en estudio).

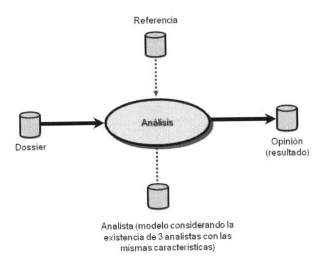

Figura 6.2 - Representación simplificada de un proceso ejecutado por tres analistas diferentes

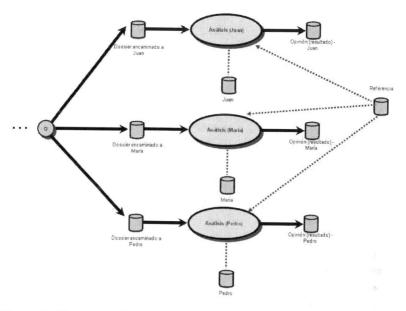

Figura 6.3 - Representación más real de un proceso de análisis realizado por tres analistas con características diferentes (Juan, María y Pedro)

Representar las contribuciones de cada individuo, además de aumentar su participación en el trabajo, es también una poderosa técnica de protección del proceso. Cuando permitimos discreciones distintas para la obtención de un mismo resultado, pasamos a visualizar contingencias que pueden ser accionadas cuando una de las formas de realizar el trabajo se muestra difícil o incluso imposible. Otra ganancia es que podemos analizar si alguna práctica individual trae beneficios a una parte mayor que el proceso de quien la realiza – en este caso, podemos incluirla como una referencia de la ejecución del trabajo global y, así, compartirla con un número mayor de participantes.

A pesar de requerir mayor esfuerzo de gestión, la mejor situación para una representación fiel de la realidad es aquella en la que <u>todos</u> los participantes en el proceso modelan sus contribuciones. Si esto no fuera posible, es importante escoger una táctica aproximada que esté acorde con la realidad de su organización y de los procesos que serán objetivo del modelado.

Quinta pista: construya cadenas de valor con base en una

lógica adecuada

Si decidimos adoptar el camino en el que varias personas modelan sus contribuciones simultáneamente (lo que es altamente saludable, según la pista anterior), será necesario definir una forma de integrarlas en el modelo del proceso. Por ejemplo, podemos hacerlo a partir de las responsabilidades de las personas en las unidades que hacen parte de su estructura organizacional. Vamos a detallar eso un poco más.

Suponga que su unidad - cuyo proceso debe ser modelado - está compuesta por trece colaboradores, un gerente, tres supervisores y nueve analistas. Para facilitar nuestro ejemplo, digamos que el gerente responde por los resultados finales del proceso y que sus tres supervisores dividen los trabajos por sectores distintos de actuación (por ejemplo, uno responde por las demandas procedentes de estados del Sur y Sudeste, otro por demandas provenientes del Norte y Nordeste y un tercero por las solicitudes de la región Centro-Oeste). Por último, digamos que cada supervisor posee un equipo de tres analistas vinculados.

Imaginemos ahora que, para el modelado del proceso principal de la unidad, se hubiera adoptado la recomendación de que todo funcionario identifique y caracterice sus contribuciones individuales (los valores) simultáneamente. Tal enfoque conduciría a una situación como la descrita abajo, en la cual vemos los valores iniciales identificados por el gerente, por los tres supervisores y por los nueve analistas. Observe que, solamente para facilitar la visualización, no estamos presentando las descripciones correspondientes de cada valor.

Figura 6.4 - Contribuciones (valores o resultados) individuales de cada participante de un proceso

Una posibilidad de montaje de las cadenas de valor puede entonces ser la siguiente: si consideramos que las contribuciones del gerente se confunden con los propios resultados finales de la unidad, podemos tomar sus valores como los elementos por los cuales iniciaremos la integración. De la misma forma, podemos asumir que las contribuciones de los tres supervisores son los insumos para el trabajo del gerente, como se ve abajo.

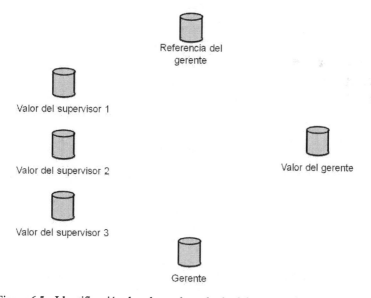

Figura 6.5 - Identificación de roles – el resultado del gerente tiene como insumos los resultados de cada supervisor

Tal arreglo suele darse en reuniones entre las personas implicadas (en este caso, el gerente y los tres supervisores). Note que al iniciar el arreglo, el gerente identificó otro valor no disponible entre los ya listados, una referencia para su trabajo; esto es bastante común, y es bueno que ocurra, ya que ayuda a crear una visión compartida y un mayor entendimiento del proceso por parte de todos los participantes. Si tal referencia fuera una de las contribuciones ya mencionadas por otro colaborador, el gerente debería proceder de la forma presentada en los capítulos anteriores, reconociendo e integrando dicho elemento.

El próximo paso es la identificación de la transformación que irá a generar los resultados del gerente.

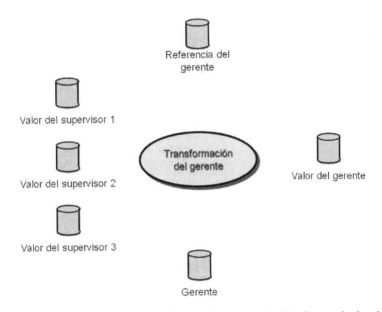

Figura 6.6 - Introducción de la transformación que conducirá a los resultados del gerente del proceso en estudio

Para concluir esa etapa, gerente y supervisores deben debatir en cuanto a las características de los valores y en cuanto a los criterios para su aceptación, según demostramos en el capítulo 4. Al final de la discusión, cuando tengamos un acuerdo entre la calidad del trabajo a ser generado, tendremos que elaborar una representación expandida del proceso, como se ve a continuación.

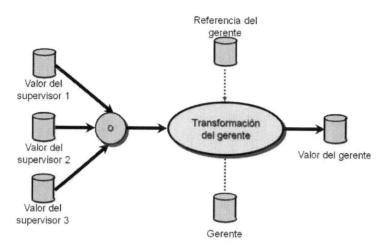

Figura 6.7 - Cadena de valor del proceso resultante de la interacción del gerente y de los supervisores

La misma lógica debe ser adoptada entonces para la integración de las contribuciones de los supervisores con sus equipos - identificación de las entradas necesarias, discusión de la calidad implicada, creación de las transformaciones -, lo que resultará en una cadena de valor aún más detallada como se ve a continuación.

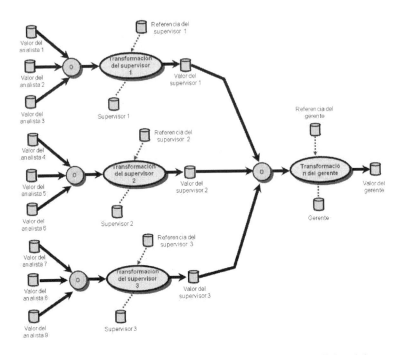

Figura 6.8 - Cadena de valor del proceso expandida a un nivel adicional de subordinación

Al proceder como en la figura anterior, estaremos aplicando nuestro método de modelado a partir de los resultados, todas las consideraciones que presentamos en este texto se aplican a tal enfoque. La decisión de comenzar a modelar por la estructura organizacional es solo una de las posibilidades existentes - es fundamental que usted identifique en la cultura de su institución cual es la forma de agrupación que hace el montaje de las cadenas de valor más rápido, más cercano a la realidad y más efectivo en la generación de resultados.

Sexta pista: monte subprocesos a partir de la cadena de valor más grande

Teniendo o no alguna experiencia anterior con modelado de procesos, usted puede estar admirado con nuestro concepto de cadenas de valor pues, a diferencia de las técnicas tradicionales, tales diagramas no representan niveles más altos de adición de los procesos (los macro procesos y sus etapas, como mencionamos en el capítulo 1), sino cualquier agrupación de valores y transformaciones hasta la generación de resultados. De hecho, al considerar las contribuciones individuales de las personas que hacen parte del proceso (los valores), como el menor nivel de representación posible en nuestros diagramas, podemos decir que en vez de diseñar "macro procesos" acabamos representando los "micro procesos existentes".

Sin embargo, no siempre, la visión de una extensa cadena de valor es práctica a la hora de que nos evaluemos y tomemos decisiones relacionadas con sus partes específicas. Una vez que tenemos una mayor cadena de valor, podemos generar todos los subprocesos contenidos en ella, a fin de facilitar nuestro análisis.

En otras palabras: es muy interesante que tracemos cuales "rastros" y "efectos" dejan nuestros valores al interior de un proceso; en otras palabras, elegido un resultado específico del proceso, decimos que su **rastro** es todo subproceso necesario para generarlo, mientras que llamamos **efecto** todo el subproceso que surge de su existencia. La solución P3Tech / LabP3 posee un poderoso y exclusivo algoritmo que nos permite la generación de subprocesos según lo descrito, "seccionando" una cadena de valor original en sus múltiples partes, como podemos ver en las figuras que siguen:

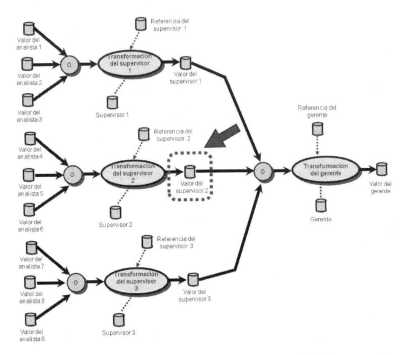

Figura 6.9 - Cadena de valor original de un proceso, con énfasis en un valor
específico ("Valor del supervisor 2")

Veamos, inicialmente, cual es el subproceso necesario para generar
"Valor del supervisor 2":

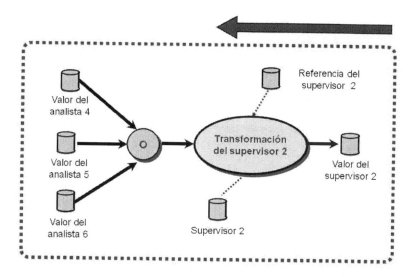

Figura 6.10 - Subproceso necesario para la generación del valor enfatizado en el proceso original ("rastro del valor")

De manera análoga, podemos identificar el subproceso que es generado por "Valor del supervisor 2":

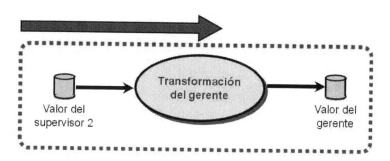

Figura 6.11 - Subproceso generado por el valor enfatizado del proceso original ("efecto" del valor)

Note que en el "efecto" que generamos a partir de "Valor del supervisor 2", no consideramos ni las referencias ni las infraestructuras que eran fronteras del subproceso generado, ya que su existencia no es resultado de las transformaciones representadas – no obstante, si usted quisiera tener una visión de todos los valores que interactúan a partir de la presencia de "Valor del supervisor 2", es algo que se puede considerar.

Finalmente, podemos efectuar el "seccionado" del proceso original en los dos sentidos, o sea, identificar el subproceso que contempla el componente "Valor del supervisor 2" – combinando rastros y efectos simultáneamente:

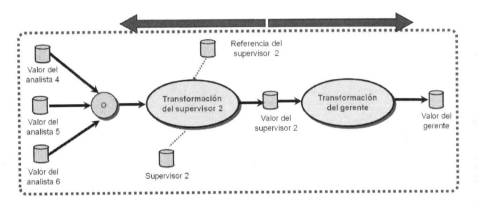

Figura 6.12 - Subproceso que contiene el valor enfatizado en el proceso original ("rastro" y "efecto" del valor, simultáneamente). Representa la unión de las dos figuras anteriores

Dese cuenta de la importancia de que poseamos un método – y un algoritmo automatizado – de identificación de los innumerables subprocesos contenidos en una cadena de valor mayor (esto es especialmente importante cuanto más extensa se presente). Imagine un proceso complejo con miles de valores interactuando en una red dinámica y usted siendo responsable por su gestión. El algoritmo de rastreo / efecto mencionado permite que mantengamos la cadena de valor original y trabajemos en subprocesos específicos en todo el ciclo de modelado / simulación / emulación / puesta en escena.

¡Una historia genial! - un proceso orientado a resultados, de bajo costo, bajo consumo de tiempo y baja probabilidad de error

Carl Friedrich Gauss, quien fuera uno de los matemáticos más grandes de la Historia, reconocido por sus contribuciones en diversos campos del conocimiento humano. Con todo, a sus diez años, él fue desafiado por su profesor, el Sr. Butner, a encontrar el resultado de la suma de los primeros 100 números enteros.

Una representación gráfica de ese problema se visualiza a continuación - suponga la existencia de 100 pilas de latas, en cantidades que van desde una unidad (en la primera pila) hasta cien unidades (en la última). ¿Cuántas latas hay en total?

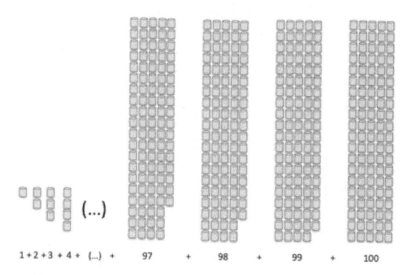

Figura 6.13 - Problema de la suma de los 100 primeros números enteros

Cuenta la historia que, tan solo unos minutos después de habérsele presentado el problema, Gauss había llegado al resultado correcto: 5050! Ni el mismo Sr. Butner sabía la respuesta correcta...

Tan impresionante como la velocidad y la precisión de la resolución, así fue el método utilizado por Gauss, es de una belleza impactante. Vamos a detallarlo a continuación.

La forma inmediata en la que una persona resolvería el problema consistiría tal vez en ir sumando progresivamente los 100 números, de dos en dos, a partir del número 1, como se visualiza en las figuras a continuación:

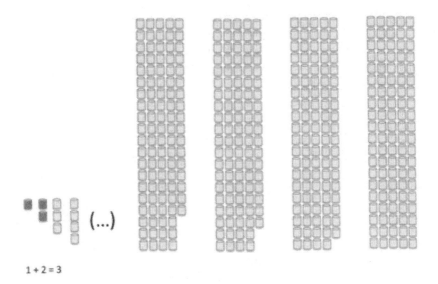

1 + 2 = 3

Figura 6.14 - Suma del primer par de números

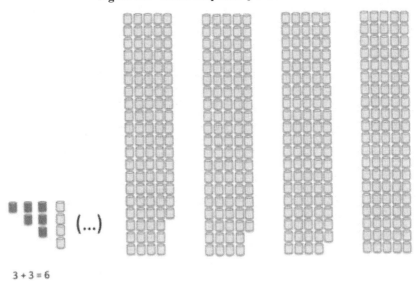

3 + 3 = 6

Figura 6.15 - Incremento del tercer número a la suma de los dos primeros

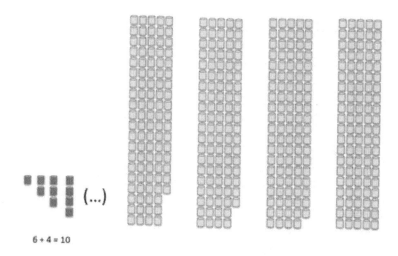

6 + 4 = 10

Figura 6.16 - Incremento del cuarto número a la suma de los tres primeros

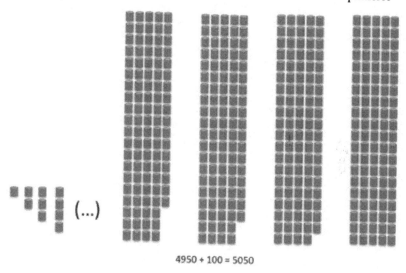

4950 + 100 = 5050

Figura 6.17 - Suma de los 100 números - construida a partir de sumas parciales

Tal mecanismo, aunque de comprensión simple, presentaba diversos inconvenientes en su aplicación, tales como:

* un tiempo excesivamente largo de ejecución;

* un alto número de operaciones matemáticas a ser realizadas (en este caso, ¡noventa y nueve sumas algebraicas!), lo cual sería aún más crítico si la extensión de la secuencia fuera mayor;

* un alto riesgo de error durante el proceso, ya que los

números resultantes de las sumas van creciendo cada vez más, dificultando la realización correcta de las operaciones matemáticas.

La forma ingeniosa encontrada por Gauss para resolver el problema prácticamente prescindía de todas las cuestiones mencionadas. En lugar de lanzarse inmediatamente a la realización de las operaciones de suma, Gauss dedicó unos pocos minutos a observar fijamente la secuencia de los cien primeros números enteros. Curiosamente, pronto se dio cuenta que el valor de la suma del primero y el último número, 1 y 100, daba el mismo resultado que la adición del segundo término al penúltimo elemento.

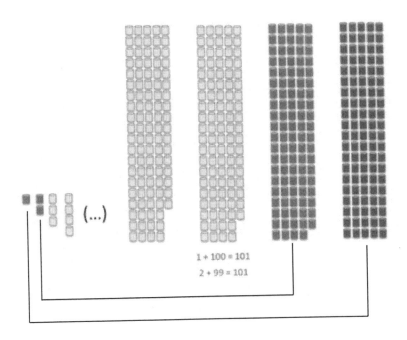

Figura 6.18 - Igualdad de las sumas de los números 1+100 y 2+99

Mais interessante ainda, o fenômeno se repetia para todos os pares de elementos que se localizavam à mesma distância do centro da sequência

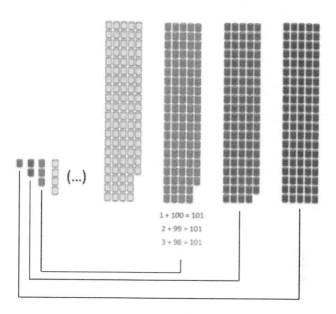

Figura 6.19 - Igualdad de las sumas de los números 1+100, 2+99 y 3+98

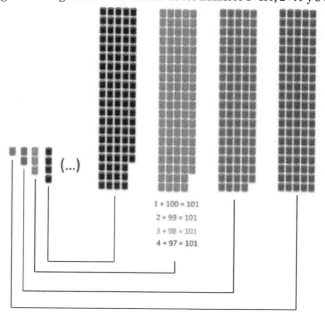

Figura 6.20 - Igualdad de las sumas de los números 1+100, 2+99, 3+98 y 4+97

En otras palabras, la suma de los 100 primeros números enteros se podía reducir al conteo de los pares de números que se localizaban a la misma distancia del centro del conjunto. Observando un poco más el problema, Gauss comprobó rápidamente que tal cantidad era exactamente igual a la mitad del número de elementos de la secuencia (50 pares de números).

Así, el valor de la suma de los primeros 100 números enteros se podría encontrar fácilmente realizando solamente tres operaciones algébricas:

$$S_{100} = (1 + 100) \times (100 / 2) = 101 \times 50 = 5050$$

De una forma más general, para un conjunto cualquiera de n números enteros, su suma se obtiene con la fórmula:

$$S_n = (a_1 + a_n) \times (n / 2),$$

donde a_1 = primer término del conjunto; a_n = último término del conjunto; n = cantidad de elementos del conjunto.

¡¡¡Esto es realmente increíble!!! La suma de cualquier secuencia de números enteros consecutivos, de cualquier extensión, ¡puede reducirse a solo 3 operaciones elementales! El tiempo sobra con relación al enfoque de sumar todos los números en secuencia, la posibilidad de errar alguna cifra es prácticamente nula. El esfuerzo es muy bajo, ¡hasta para conjuntos más complejos de números!

¿Qué resolución encontrada por Gauss tiene que ver con nuestros proyectos de gestión de procesos?

Ahora vamos a trasladar y adaptar el problema de Gauss a nuestras organizaciones, imagine que un jefe pidió a tres de sus colaboradores que calcularan, en tiempo máximo de dos minutos, la suma de los 100 primeros números enteros:

a) el primer individuo hizo sumas sucesivas de todos los números, de dos en dos, partiendo de 1 a 100. Siendo bastante productivo, logró realizar, en promedio, una suma cada tres segundos y, de esa forma, al terminar los dos minutos había realizado 40 operaciones (1 + 2 + 3 + ... + 41);

desafortunadamente, no logró completar el total de 99 sumas algebraicas necesarias para resolver el problema. El valor encontrado como resultado fue de 861 (y no 5050, que ya sabemos es el resultado correcto). El individuo reclamó encarecidamente la insuficiencia de los recursos existentes - poco tiempo para la solución del problema y la falta de una calculadora como herramienta auxiliar;

b) el segundo individuo se dio cuenta de que en dos minutos sería imposible realizar las 99 sumas que pretendía para llegar al resultado. Así, al presentar sus resultados al jefe, argumentó que hacía también 40 operaciones – no obstante, iniciaba la secuencia de sumas por los números más altos hasta que el cronómetro llegaba a cero $(100 + 99 + 98 + 97 + ... + 60)$. Resaltó que también consideraba que era imposible llegar a la solución correcta con los recursos disponibles, pero garantizó a la dirigencia que la simplificación adoptada - sumar solamente los 41 números más altos del conjunto - representaba la parte relevante del problema, siendo poco representativos los otros números descartados. El valor encontrado por el segundo individuo fue de 3.280;

c) el tercer individuo no era tan productivo, desde el punto de vista operativo, en comparación con los dos primeros – en realidad, ¡hacía una operación algebraica cada diez segundos! En cambio, ya que comprendía bien el problema planteado, decidió aplicar la fórmula de Gauss para su resolución. No reclamó por los recursos (de los 120 segundos de que disponía, consumió apenas treinta para hacer las tres operaciones necesarias; usó otros 30 para verificar las cuentas - y, aun así, ¡le sobró la mitad del tiempo disponible!). Presentó el resultado correcto a la dirigencia - ¡5050!

Comparando el desempeño de los tres individuos:

	Individuo 1	Individuo 2	Individuo 3
Complejidad del problema	Alta (igual para todos los tres)		
Complejidad de la solución propuesta / uso de recursos	Alta (99 operaciones - aunque sólo se hayan realizado 40)		Bajísima (3 operaciones)
Riesgo asociado	Alto		Bajísimo
Acuerdo porcentual con relación al valor correcto	17%	65%	100%

Tabla 6.1 - Comparativa entre las tres formas de resolución del problema de la suma de los primeros 100 números enteros

En resumen:

- el primer individuo tuvo un desempeño típicamente operativo- se esforzó mucho, pero alcanzó un bajo resultado y obtuvo una profunda decepción. No reflexionó en la utilidad de su trabajo y reclamó por los medios disponibles, sin verificar si había otra forma de realizar sus tareas;

- el segundo individuo asumió premisas falsas como verdaderas (recursos insuficientes, simplificación de una situación compleja sin causar impactos significativos en los resultados) e intentó convencer a su superior de que sus métodos eran los mejores. Aun así, estaba muy lejos de los resultados correctos;

- el tercer individuo, aun sin ser tan rápido en la ejecución de las tareas, fue perfecto desde el punto de vista de los objetivos pretendidos: logró el resultado correcto mediante el uso racional de los recursos, con planificación y con gran innovación. No buscó deformar la realidad compleja - siendo simplista -, pero consiguió una solución simple para el mismo problema que los demás no pudieron resolver.

Proyectos de gestión de procesos que usan la forma tradicional de enfoque incurren típicamente en el mismo tipo de distorsión que los dos primeros individuos cometieron - y sus resultados padecen de los mismos síntomas (simplificación de la realidad, métodos no adherentes, asunción de principios erróneos, excesivo esfuerzo operativo, mal uso de los recursos, atribución de responsabilidad por el fracaso a otros, resultados desalentadores). De una forma general, métodos similares al empleado por el segundo individuo son todavía más dañinos para nuestros propósitos, ya que aun deformando la realidad se amparan en supuestas definiciones científicamente inequívocas para convencer a las personas a usarlos.

La fórmula de Gauss es un excelente ejemplo de que no nos debemos amedrentar frente a una situación compleja - tampoco debemos buscar deformar la realidad para que se "ajuste" a nuestra forma de resolución. Con ingenio podemos descubrir soluciones absurdamente simples para problemas de alta complejidad (como, por ejemplo, permitir que cada colaborador de un proceso represente, simultáneamente, sus contribuciones al todo), que nos conducirán a resultados más eficientes, eficaces y efectivos.

Projetos de gestão de processos que usam a forma tradicional de abordagem incorrem tipicamente no mesmo tipo de distorção que os dois primeiros indivíduos cometeram - e seus resultados padecem dos mesmos sintomas (simplificação da realidade, métodos não aderentes, assunção de princípios falhos, excessivo esforço operacional, mau uso dos recursos, atribuição de responsabilidade pelo fracasso a outros, resultados desalentadores). De uma forma geral, métodos similares ao empregado pelo segundo indivíduo são ainda mais danosos para nossos propósitos, uma vez que distorcerem a realidade mas se amparam em pretensas definições cientificamente inequívocas para convencerem pessoas a usá-los.

A fórmula de Gauss é um ótimo exemplo de que não devemos nos amedrontar diante de uma situação complexa - tampouco devemos procurar distorcer a realidade para "caber" em nossa forma de resolução. Com engenhosidade podemos descobrir soluções absurdamente simples para problemas de alta complexidade (como, por exemplo, permitir que cada colaborador de um processo represente, simultaneamente, suas contribuições ao todo), que nos conduzirão a resultados mais eficientes, eficazes e efetivos.

Para concluir este capítulo, tres recordatorios básicos:

1. Un buen modelado de procesos complejos orientado a resultados debe incluir técnicas que aumenten la velocidad de la representación, de modo que equilibre el mayor número de informaciones que estarán presentes en el modelo y que le darán mayor conformidad frente a la realidad.

2. Entre las técnicas sugeridas para que eso sea posible - y que pueden ser utilizadas en conjunta o separadamente, según su evaluación de contexto -, destacamos el inicio desde los resultados, la representación de solo un modelo, la orientación a las soluciones (y no a los problemas), la inclusión de mayor número de personas que participan del proceso, la construcción de las cadenas de valor según una lógica adecuada y la generación de subprocesos a partir de la cadena de valor global.

3. La solución encontrada por el matemático Gauss para la determinación del valor de la suma de números enteros consecutivos es un brillante ejemplo de cómo usar la imaginación para la resolución de problemas complejos, por medio de soluciones simples, de bajo costo, con bajo consumo de tiempo y con probabilidad de error cercana a cero.

7 MINIMIZANDO (AÚN MÁS) LOS RIESGOS

"Now that you know who you are
What do you want to be?"
*(Ahora que sabes quién eres
¿Qué quieres ser?)*
**John Lennon & Paul McCartney
"Baby You Are a Rich Man"**

En el capítulo 2 de este libro hablamos de un método conocido por otras áreas del conocimiento - como, por ejemplo, la Ingeniería -, que reduce la probabilidad de sorpresas inconvenientes y que aun así es bastante ignorado en proyectos tradicionales de gestión de procesos. Sin querer caer en otras trampas por cuenta de la racionalidad extrema de los ingenieros, el ciclo de gestión compuesto por fases de modelado, simulación, emulación y puesta en escena (vida real) presenta varios beneficios cuando se compara con otros métodos. Dicho ciclo es usado, por ejemplo, en manifestaciones artísticas como la producción de una película o de una obra de teatro; difícilmente el autor pasaría directamente del guión (modelo) elaborado en su computador hacia una exposición comercial al público. En la práctica, la dirección se encarga del rol de simulador de los resultados que son esperados cuando los espectadores entren en contacto con la obra. Cuando se realizan los ensayos finales - ya con los respectivos figurines y, muchas veces, con la presencia de audiencias compuestas por formadores de opinión -, tenemos la emulación del producto final, aun sin los riesgos de efectos indeseados. Finalmente, cuando la obra o la película entra en cartelera, tenemos la etapa de puesta en escena, la vida real aconteciendo.

Vamos, entonces, a abordar las fases de simulación, emulación y puesta en escena que, en último análisis, se prestan para reducir imprevistos en la ejecución de nuestros procesos.

Simulación

Siguiendo los pasos de los capítulos anteriores, obtuvimos modelos de procesos muy bien caracterizados y con buenas oportunidades de tener éxito - pero todas nuestras iniciativas aún podrían ser insuficientes al llegar al momento de la implantación. Para minimizar tal efecto, debemos estimar algunas situaciones que pueden ocurrir y verificar si los resultados se corresponden con los que esperábamos - sino, siempre es posible hacer correcciones.

En la etapa de modelado, tuvimos la preocupación de describir en forma textual todos los elementos que componen nuestros procesos; así, incluimos características de validez (estándares de calidad e indicadores respectivos) en nuestros valores, así como justificaciones de su existencia y los objetivos / impactos que nos gustaría percibir. De la misma forma, nuestras transiciones contenían descripciones de los criterios necesarios para su ocurrencia, condiciones que podrían ser verificadas, acciones respectivas a tomar y un conjunto de actividades asociadas. Lo que la etapa de simulación prevé es la atribución de otro grupo de parámetros a los componentes de los procesos, con un sello más estadístico – en vista de que estaremos estimando su comportamiento.

Por ejemplo, es común que asociemos los siguientes parámetros a todos los valores de nuestro modelo que sean una frontera del proceso - recordando que, para nosotros, fronteras son aquellos valores no representados como consecuencia de alguna transición:

- cuál es el tipo de distribución estadística relacionada a su ocurrencia (tales como normal, linear, constante) y cuáles son sus

respectivos parámetros matemáticos;
- cuál es el intervalo de llegada entre nuevas ocurrencias de valor - o si él está siempre disponible para el proceso;
- se hay alguna fila inicial de aquel elemento antes del período de ejecución y observación del proceso.

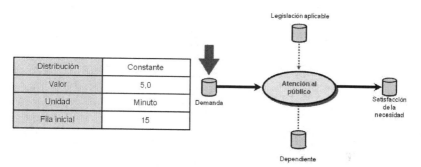

Figura 7.1 - Un proceso simplificado de atención al público, con las estadísticas asociadas al insumo "Demandas" (parámetros disponibles en las versiones de la solución P3Tech / LabP3)

En el sencillo ejemplo anterior, definimos que hay un flujo constante de llegada de demandas, de modo que cada 5 minutos se presenta una nueva demanda en el mostrador de atención al público. Además de eso, dijimos que hay una fila inicial de 15 demandas antes de que el mostrador inicie sus trabajos.

De la misma forma, todas las transformaciones de nuestros modelos deben incorporar informaciones tales como:

- cuál es la duración de la transformación (en unidad de tiempo);
- cuál es la prioridad para su ejecución (en caso de que un mismo recurso sea disputado por más de una transformación);
- cuál es la distribución estadística asociada.

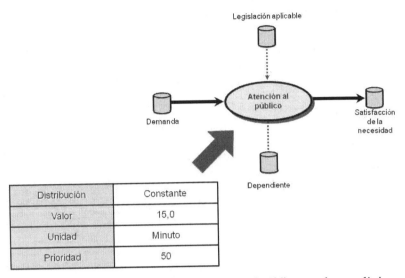

Distribución	Constante
Valor	15,0
Unidad	Minuto
Prioridad	50

Figura 7.2 - Un proceso simplificado de atención al público, con las estadísticas asociadas a la transformación "Atención al público"

En nuestro ejemplo, hicimos un estimado inicial de que tiempo de atención sigue un valor constante de 15 minutos por ocurrencia, y que posee prioridad igual a 50 en relación a otras transformaciones (cuando sean identificadas).

También debemos definir la cantidad de dependientes presentes en el mostrador de atención y sus costos por hora de trabajo (en el siguiente ejemplo, incluimos 2 dependientes, cada uno costando $ 20,00 por hora).

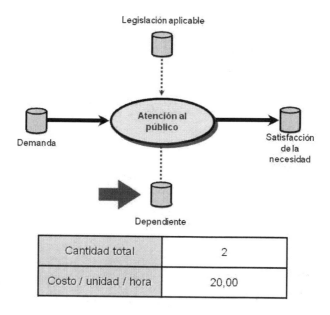

Figura 7.3 - Cantidades y costos asociados al perfil "Dependiente"

Nuestro perfeccionamiento puede incluir el horario exacto de inicio de una transformación y una distribución porcentaje de cada posibilidad de ocurrencia de un valor (por ejemplo, cuando tenemos caminos alternativos en la salida de una transición).

Después del desglose, debemos simular el escenario estimado y verificar el comportamiento del proceso. En la próxima tabla, vemos los resultados de la simulación del proceso de atención al público que modelamos, confiados en su buen funcionamiento, durante un período de seis horas (representando un día típico de atención al público).

Ítem	Resultado de la simulación (6 horas)
Demandas	86 demandas
Satisfacción de la necesidad	46 demandas satisfechas
Demandas remanentes en fila / mostrador	40 demandas
Longitud promedio de demandas en fila	26 demandas
Longitud máxima de demandas en fila	38 demandas
Promedio de tiempo de espera en fila	107 minutos
Costo total de la atención	$240,00
Utilización de los atendentes (%)	100%

Tabla 7.1 - Resultados de una primera simulación del proceso de atención al público

Como podemos ver, cuando simulamos un escenario que juzgábamos cercano al que ocurriría, vimos que el número de dependientes que parecía suficiente para prestar servicios a los clientes de nuestro proceso no es compatible con el movimiento observado, lo que nos llevaría a crear inconvenientes muy representativos si saliéramos de nuestro diseño directamente a la implantación (promedio de casi dos horas de espera, 40 demandas no atendidas al fin del período). Con la simulación realizada, tenemos la alternativa de rediseñar el proceso, ya sea incluyendo nuevos componentes, ya sea simplemente describiendo mejor las condiciones que pueden ocurrir y las acciones correspondientes que debemos tomar (por ejemplo, considerando las diferencias existentes entre los dos dependientes).

A cada modificación que hacemos en nuestro proceso, podemos ajustarle nuestros parámetros y simular otros escenarios, hasta que estemos cómodos con los resultados previstos. Así mismo cuando no disponemos de datos históricos para las simulaciones, debemos realizarlas – tal vez sean todavía más importantes en esos casos. Tomemos casos extremos que pueden ocurrir (peor y mejor escenario, posibilidad más frecuente, desvíos que deseamos evitar) y lancemos nuevas simulaciones - esa práctica nos llevará a conocer mejor el comportamiento de nuestro proceso y a saber exactamente lo que debe ser mejorado.

Vamos a mostrar, por ejemplo, lo que ocurre con el escenario que simulamos con anterioridad, cuando hacemos las siguientes alteraciones:

- el intervalo entre la llegada de nuevas demandas pasa a tener una distribución normal con 1 nueva demanda cada 5 minutos en promedio, y desviación estándar de 1 minuto (todavía estimamos que hay una fila inicial de 15 demandas);

- incluimos una etapa de distribución de las demandas hecha por el gerente de la unidad que dura un valor constante de 2 minutos por demanda, y que, según su conocimiento gerencial, prevé la entrega de 3 solicitudes al Dependiente 1, por cada demanda entregada al Dependiente 2;

- el tiempo de atención del primer recurso humano sigue una distribución normal con promedio de 7 minutos y desviación estándar de 2,5 minutos;

- el costo por hora de trabajo del primer dependiente es de $ 18,00;

- el tiempo de atención del segundo recurso humano sigue una distribución normal con 10 minutos en promedio y desviación estándar de 4 minutos;

- el costo por hora de trabajo del segundo dependiente es de $ 15,00.

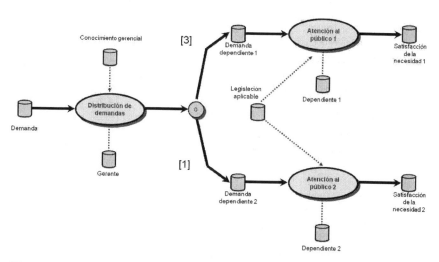

Figura 7.4 - Modelo revisado del proceso de atención al público (los parámetros de los elementos fueron alterados según la descripción anterior)

Simulando el nuevo escenario, llegamos a los siguientes resultados:

Item	Resultado da simulación (6 horas)
Demandas	89 demandas
Satisfacción de la necesidad	67 demandas satisfechas
Demandas encaminadas al Dependiente 1	73 demandas
Demandas encaminadas al Dependiente 2	16 demandas
Demandas atendidas por el Dependiente 1	51 demandas
Demandas atendidas por el Dependiente 2	16 demandas
Demandas remanentes en fila - Dependiente 1	21 demandas
Demandas remanentes en fila - Dependiente 2	Cero
Longitud promedio de demandas en fila - Dependiente 1	14 demandas
Longitud promedio de demandas en fila - Dependiente 2	Menos de 1 demanda
Longitud máxima de demandas en fila - Dependiente 1	21 demandas
Longitud máxima de demandas en fila - Dependiente 2	04 demandas
Promedio de tiempo de espera en fila - Dependiente 1	67 minutos
Promedio de tiempo de espera en fila - Dependiente 2	06 minutos
Costo total de la atención - Dependiente 1	$107,40
Costo total de la atención - Dependiente 2	$38,55
Utilización del Dependiente 1(%)	99,44%
Utilización del Dependiente 2(%)	42,83%

Tabla 7.2 - Resultados de la segunda simulación del proceso de atención al público

Observe la mejoría de los nuevos resultados simulados. El número de demandas no atendidas bajó a 21, contra 40 del modelo menos real. Todas las demandas remanentes estaban direccionadas para el Dependiente 1, lo cual quedó dedicado a casi un 100% del tiempo en su trabajo – en tanto que, el Dependiente 2 (todavía más lento que su compañero), consiguió atender todas las demandas que le fueron enviadas y hasta tuvo más de 50% del tiempo ocioso; o sea, es posible que alteremos la taza de distribución de las demandas y que mejoremos aún más el desempeño del proceso.

Ciertamente con algunos pasos más de la simulación tendremos resultados con un mínimo de riesgos en el momento de la implantación del proceso.

Emulación

Como ya dijimos, la emulación es una etapa de gestión de los procesos en que combinamos datos estimados con datos reales, acercándonos más a lo que deseamos ver ocurrir y contando con más oportunidades de tomar buenas decisiones.

Volvamos al ejemplo de prestación de servicios anterior, el cual ya fue blanco de ajustes a partir de la verificación de escenarios posibles simulados.

Recordemos que en las transformaciones de atención al público previmos tiempos de ejecución para los dependientes que variaban 4,5 a 14 minutos, dependiendo del profesional que la realizara. Si, además del recurso humano, la atención al público requiriera una infraestructura tecnológica denominada "sistema de atención", ¿qué ocurriría? Imagine que la pantalla que debe ser completada por el dependiente en el mencionado sistema de atención al cliente posea un conjunto de campos de identificación y datos personales de cada individuo a ser atendido, y que la navegación en tales pantallas pueda ser lo bastante complicada para que el tiempo real de completado corresponda ¡al doble del que estimamos! ¿Cuál es el impacto en nuestro proceso, el que cada atención ocurra en un tiempo dos veces más largo de lo previsto? ¿Hay riesgos reales de que eso suceda?

Para minimizar tales efectos antes de la implantación de un proceso, podríamos emular las pantallas del sistema en el computador del dependiente y hacer que un grupo de personas con dicho perfil entre con datos de individuos que seleccionamos para cumplir el rol de usuarios. De acuerdo con los resultados de nuestra emulación, tendremos muchas más condiciones de entender lo que está ocurriendo y, nuevamente, de introducir mejoras en los modelos y en los escenarios simulados, antes de que ocurra algún efecto indeseado y provoque daños a nuestro proceso.

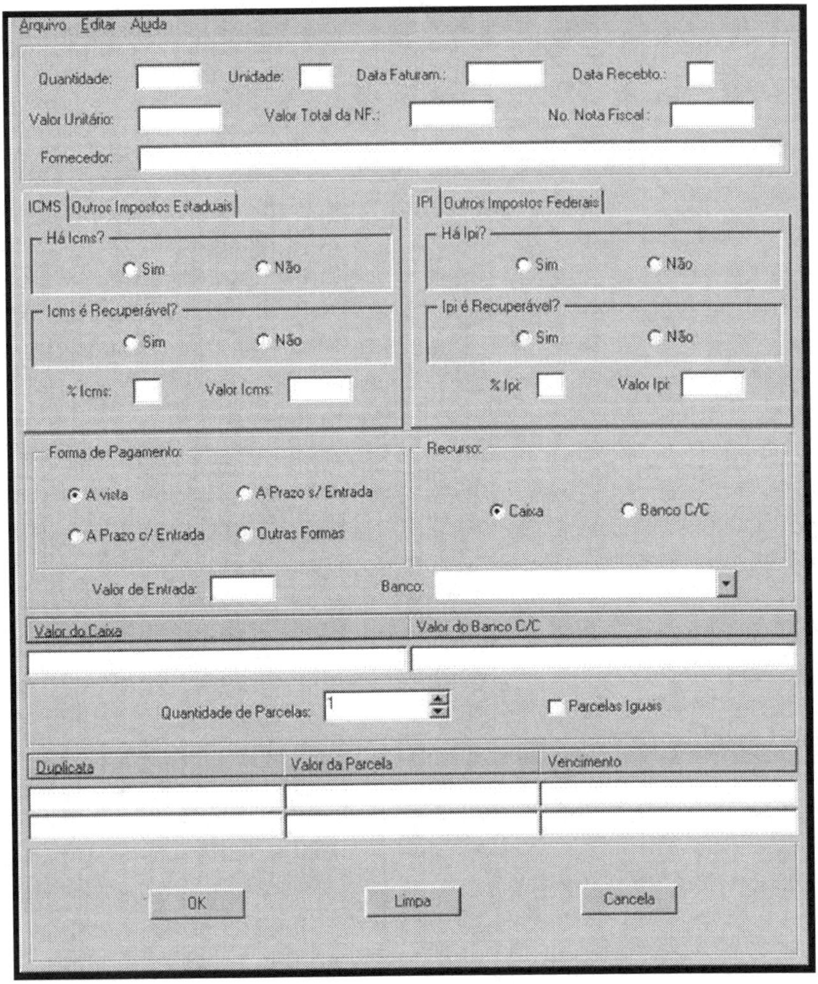

Figura 7.5 - Ejemplo de interface construida en la solución P3Tech / LabP3, permitiendo la emulación del comportamiento de un sistema automatizado y la verificación de posibles resultados antes de su implantación

Lo que hicimos es similar a los ejemplos de ensayos finales en una obra de teatro o al caso de la construcción de un equipamiento tecnológico, ya discutidos en este libro, lo que demuestra la importancia de la fase de emulación y su carácter universal - podemos hacer emulaciones de cualquier proceso que deseemos implementar, de la misma forma como podemos emular todos los aspectos que quisiéramos (en nuestro proceso de atención, podemos emular el tiempo de conexión y la confiabilidad de la red que compartirá los datos de atención con un computador central, la fluidez de los dependientes en realizar su trabajo, las condiciones ambientales de nuestro punto de atención). Es importante resaltar que la emulación es un laboratorio vivo con la ventaja de que no tenemos todavía la situación real de ejecución de un proceso, como erróneamente acostumbra ocurrir cuando hacemos "implantaciones piloto" que, aunque restringidas a algunas situaciones, traen riesgos reales para las personas y para las organizaciones. Por ejemplo, es muy diferente probar la funcionalidad de la atención a los clientes en un ambiente interno (aun siendo bastante sofisticado y más cercano a la realidad) que llevarla con problemas al conocimiento del público, aunque sea en un número pequeño de unidades - los daños, si existieran, ¡serán de verdad!

La emulación es también un gran aliado de la gestión, ya que las interfaces creadas en esta fase pueden ser las más amigables para los actores del proceso - debemos tener en mente que no todos en nuestra organización tienen el deseo de visualizar y administrar sus procesos en forma de diagramas.

Puesta en escena (presentación)

Cerrando el ciclo de gestión de procesos, la etapa de puesta en escena es la llegada a exhibición, el estreno de nuestra película, la implementación real de nuestro proceso. Como esta encierra en sí misma los riesgos naturales de una situación verdadera, todos los cuidados que tuvimos en las etapas anteriores fueron necesarios, para que pudiéramos tener más seguridad de éxito, y al mismo tiempo, prepararnos para eventuales contingencias.

Por tratarse de un ciclo, no consideramos la puesta en escena como la fase final de la gestión de procesos; si pensamos que existen procesos que ni siquiera fueron modelados, ella puede ser el inicio de todo - mejor dicho, la puesta en escena es la parte más excitante de la gestión de procesos, pues está amparada en la realidad y generará resultados y beneficios a los seres humanos.

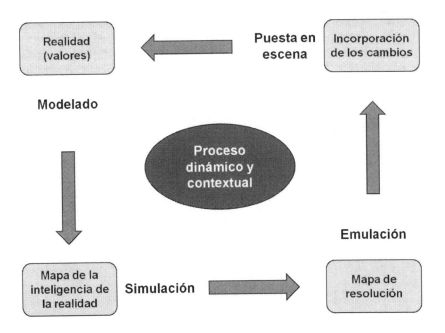

Figura 7.6 - Ciclo de gestión de procesos (adaptado de www.labp3.net)

Para concluir este capítulo, tres recordatorios básicos:

1. Simular un proceso nos permite verificar su comportamiento posible a partir de datos estimados, y corregir cualquier inconformidad antes de la implantación del proceso y / o de mejoras.

2. Emular un proceso nos permite verificar su comportamiento posible a partir de datos reales combinados con datos estimados y también nos permite corregir cualquier inconformidad antes de la implantación del proceso y / o de mejoras.

3. La puesta en escena representa la "vida real" de los procesos - es la parte más vibrante, en la que nuestros sueños pueden volverse realidad (y, de igual manera, asumir la forma de nuevos modelos perfeccionados).

8 INTEGRANDO LENGUAJES

"I am he as you are he
As you are me and we are all together
*(Yo soy él así como tú eres él,
así como tú eres yo y todos somos uno)*
John Lennon & Paul McCartney
"I Am the Walrus"

Al comienzo de este libro dijimos que el enfoque por procesos tenía como motivación un potencial integrador de otros lenguajes usados dentro de una institución – no obstante, en la mayoría de las situaciones, ese potencial acabó substituido por un lenguaje adicional (el "dialecto de procesos"), lo que dificultó aún más la comunicación entre personas y unidades organizacionales.

Un ejemplo típico de lo que estamos hablando ocurre cuando observamos la comunicación y el intercambio entre iniciativas de planificación estratégica, de gestión de procesos, de gestión de proyectos y de automatización de sistemas - la impresión que se tiene es que cada cual cuenta con sus propios métodos e instrumentos, de difícil acceso a los demás.

A continuación, vamos a demostrar como podemos rescatar la idea inicial de integración, usando el enfoque de la gestión de procesos como hilo conductor. Como usted ya debe haber notado, toda vez que nuestra comprensión de procesos es más amplia que la visión tradicional, lo que mostraremos en los próximos párrafos no representa la victoria de una metodología sobre las otras – los procesos, como abordaremos, constituyen una herramienta poderosa de intercambio del conocimiento institucional.

Comencemos, entonces, por la capa estratégica.

Planificación estratégica

Imagine que deseamos preparar o actualizar el plan estratégico de una organización, generando como resultados, objetivos estratégicos a ser conocidos por todos sus funcionarios y colaboradores, y que estos sean seguidos en el ejercicio de los trabajos cotidianos. Una forma de encarar tal desafío, usando lo que discutimos en las páginas anteriores para la elaboración del plan estratégico, sería decir que nuestros resultados / valores derivados del proceso de planificación son los diversos objetivos estratégicos que estamos desarrollando.

Objetivo estratégico 1

Objetivo estratégico 2

(...)

Objetivo estratégico n

Figura 8.1 - Valores (resultados) del proceso de planificación estratégica - los objetivos estratégicos

Siguiendo el camino de nuestra discusión, cada uno de los objetivos debe ser ahora identificado y caracterizado, a partir de una relación de lo que esperamos que ocurra para que sea bien comprendido y esté suficientemente claro al momento de su divulgación. Este punto es muy importante para el éxito de nuestro plan estratégico, ya que tenemos la oportunidad de sustituir expresiones vagas como "ganar participación en el mercado", Con un desglose que nos dirá cuál es el porcentaje que se puede ganar, en cuánto tiempo, con cuáles compromisos éticos, a qué costo, quienes serán los responsables, cuales serán los impactos que se pretende alcanzar y el motivo de tener tal directriz. Los indicadores de desempeño deben hacer parte de nuestra caracterización siempre que sea necesario y, al contrario de lo que sucede en algunas técnicas de planificación, no necesitamos preocuparnos por encuadrar un objetivo estratégico en una dimensión única - como resultados financieros, aprendizaje y crecimiento, clientes o procesos de trabajo; es casi seguro que los objetivos presentarán características de más de una de esas clasificaciones - entonces, lo que tenemos que hacer es simplemente, describir todas las características que juzgamos fundamentales para que el plan estratégico funcione.

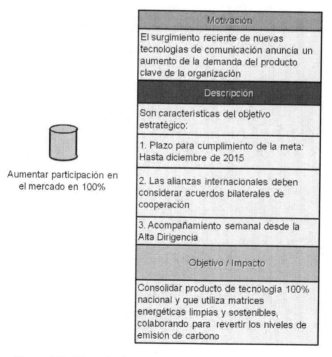

Figura 8.2 - Ejemplo de un objetivo estratégico caracterizado

Con relación a los impactos que un objetivo puede presentar sobre los otros (relaciones de causa-efecto entre los objetivos), ya sabemos como hacer la conexión entre valores de un proceso orientado a resultados - basta que identifiquemos si el objetivo en cuestión será un insumo (será transformado por otro objetivo), una referencia (a ser observada en el desarrollo de otro objetivo) o un recurso de infraestructura (será consumido en el desarrollo de otro objetivo) y que establezcamos las conexiones.

Ahora, vamos a continuar el modelado de nuestro proceso de planificación estratégica de la misma forma que hicimos con otros ejemplos mostrados aquí. Con relación a los insumos, a las referencias y a los recursos de infraestructura a ser usados, pese a que hay otras maneras de hacerlo, nos gustaría llamar la atención sobre una posibilidad de modelado bastante interesante y que integra otra técnica de planificación estratégica llamada análisis de fuerzas / debilidades / oportunidades / amenazas ("SWOT", en inglés). Dicha técnica permite que el grupo responsable por la elaboración del plan, identifique, discuta y tome decisiones a partir del conocimiento de factores internos existentes en la institución (sus fuerzas y debilidades) y de factores externos que la afectan (las amenazas y oportunidades del contexto). Siempre es bueno resaltar que la gestión que podemos hacer hacia tales factores presenta una diferencia sensible: los factores internos están totalmente bajo nuestra gobernanza, mientras que los factores externos, no – así que, el conocerlos nos permite trazar las mejores tácticas para abordar cada una de las variables del juego.

Nos gusta representar las fuerzas de una organización como recursos de infraestructura existentes que nos permitirán llegar más fácil a nuestros objetivos estratégicos. Modelando nuestro proceso de planificación de esa forma, reconocemos los puntos buenos que ya tenemos - competencias individuales y colectivas, recursos de capital, infraestructura tecnológica, resultados históricos -, motivamos nuestros equipos y vemos que la diferencia entre lo ideal y lo real, a ser conquistada, puede ser menor de lo que esperábamos.

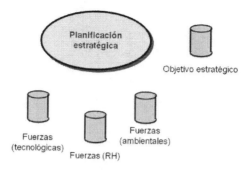

Figura 8.3 - Fuerzas vistas como infraestructuras en una planificación estratégica

Al hablar de nuestras debilidades organizacionales, podemos enfrentarlas como valores institucionales que deseamos transformar para la situación descrita en las directrices estratégicas. Como ya dijimos, junto a otros insumos que lleguemos a identificar, tratar las debilidades percibidas también como insumos para el desarrollo organizacional, es una práctica interesante en el proceso de planificación estratégica. Como todos los valores presentes en nuestro modelo presentarán desglose según los principios contenidos en este libro (descripción, características de validez, indicadores, estándares de desempeño, motivación, impactos y parámetros estadísticos estimados, entre otros), tendremos una riqueza de conocimiento que facilitará la toma de decisión en cuanto a la efectividad del plan que tendremos en manos.

Figura 8.4 - Debilidades vistas como insumos en un planificación estratégica

Finalmente, ya que dijimos que no tenemos gestión en cuanto a las amenazas y oportunidades que nos afectan, podemos imaginarlas como si fueran referencias que nuestro plan estratégico deberá observar - conocer tales referencias, lo más rápido posible y con el mayor nivel de detalle, hace nuestro proceso más resistente a las variaciones externas.

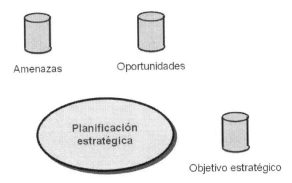

Figura 8.5 - **Amenazas y oportunidades vistas como referencias en un planificación estratégica**

La siguiente figura resume un proceso básico de planificación estratégica, fundamentado en una perspectiva de gestión de procesos orientada a resultados. Los conectores representados significan que, en nuestro ejemplo, tuvimos alineación entre las características de los elementos del proceso.

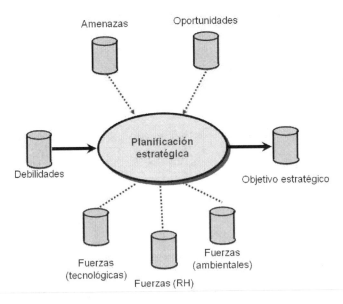

Figura 8.6 - **Resumen de un proceso de planificación estratégica**

Vamos, ahora, a bajar a la próxima capa de la organización.

Procesos y proyectos

Tenemos la consciencia de que la visión tradicional de procesos busca situar el tema en un nivel, digamos, más operativo (a fin de cuentas, procesos - bajo aquella óptica - son sinónimo de actividades). Así, una vez que tenemos un plan estratégico desarrollado en una organización, es común que pensemos en procesos que van a colocarlo en la práctica. A pesar de que ya hemos demostrado que nuestro enfoque de procesos va más allá del nivel operativo, vamos a usar la visión tradicional para demostrar como podemos establecer una conexión explícita entre los niveles estratégico, táctico y operativo.

De la forma más general posible, un objetivo estratégico contenido en un plan es una referencia a ser seguida por los procesos organizacionales, a fin de que generen sus resultados y contribuyan a las expectativas globales de la institución. Así, tendemos naturalmente a tomar los objetivos estratégicos presentes en el plan y analizarlos en la condición de referencias de nuestros procesos, no obstante, con la técnica descrita anteriormente, de efectuar la comparación de sus caracterizaciones con los requisitos contenidos en nuestros modelos. Simplificando: tomamos las características que tenemos que seguir, descritas en los objetivos y las compatibilizamos con todas las reglas que nuestros otros insumos, referencias, recursos de infraestructura y transformaciones deberán seguir (la hoja de ruta es la misma que presentamos en el capítulo 4). Por ejemplo, si tenemos un proceso de comercialización de un producto cuyo resultado corresponde a un porcentaje del alcance de la meta prevista en un objetivo estratégico, es hora de tornar esa historia clara y consistente.

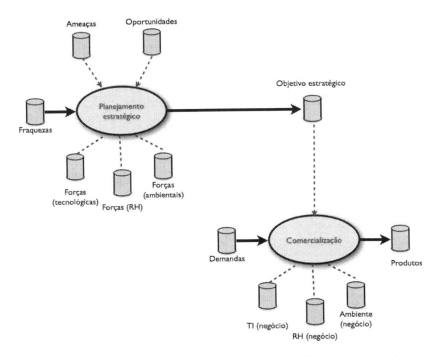

Figura 8.7 - Modelo inicial que integra el plan estratégico y un proceso de comercialización

Vea el alcance de dicho procedimiento: ahora podemos **integrar en un mismo lenguaje** - y si estuviéramos usando un juego de herramientas de apoyo, en una misma solución tecnológica -, **la gestión (modelado, simulación, emulación y puesta en escena) de un plan estratégico integrado con los procesos que deberán soportarlo, antes que los objetivos sean comunicados.** Podemos promover reuniones y acuerdos entre los representantes de diversas contribuciones al resultado global (reescribiendo sus propios objetivos específicos, cualificando mejor las entregas a ser efectuadas, descubriendo nuevas necesidades no previstas anteriormente), trazando y analizando escenarios que podrán ocurrir en el futuro e incluso desarrollando interfaces necesarias para alcanzar lo que deseamos - por ejemplo, paneles de control con indicadores de desempeño en tiempo real.

En el caso de los proyectos que seguramente se crearán para soportar iniciativas estratégicas, hacemos el mismo recorrido: usando los objetivos como grandes referencias, buscamos definir todos los componentes y sus interrelaciones hacia el éxito que necesitamos - recordando que, para nosotros, procesos y proyectos están mucho más próximos, de lo que estamos acostumbrados normalmente: su diferencia principal se refiere a la temporalidad, pero aun así, es muy común que el legado de un proyecto, una vez cerrado, se vuelva parte de procesos de la organización. En la figura siguiente, tenemos el ejemplo de una forma de representar eso, con nuestro modelo indicando que un resultado se puede obtener por medio de un proceso (rutina) ya establecido, o por un proyecto que trate de una innovación (con porcentajes que van variando con el tiempo). Al finalizar el proyecto, este puede convertirse en el nuevo proceso de la institución, sustituyendo completamente al anterior - o mezclando sus partes.

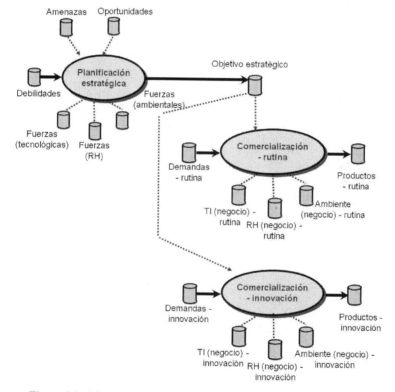

Figura 8.8 - **Modelo inicial que integra el plan estratégico, un proceso de comercialización y un proyecto de innovación**

Automatización

Usted ya debe haber intuido como funciona todo - de la misma forma que los objetivos estratégicos sirvieron de referencia para el modelado (y para la alineación) de los procesos y de los proyectos organizacionales, estos referenciarán el trabajo de automatización. En verdad, es tal cual ocurre en la vida real: las reglas de negocio y todas las descripciones que hacemos de nuestros procesos suelen ser el gran punto de partida para la creación o incluso para el mantenimiento de los sistemas informáticos. No obstante, muchas veces hay lagunas entre los métodos y las tecnologías utilizadas, que nos llevan a redundancias en el trabajo y a costos inaceptables, como ya discutimos antes.

Si tenemos la orientación a resultados como la fuerza integradora principal de las instituciones, podemos incluir la automatización también en nuestros modelos. Cada componente del sistema podrá ser identificado y caracterizado como hicimos desde el nivel estratégico y el resto del camino es similar a cualquier proceso de los que ya abordamos.

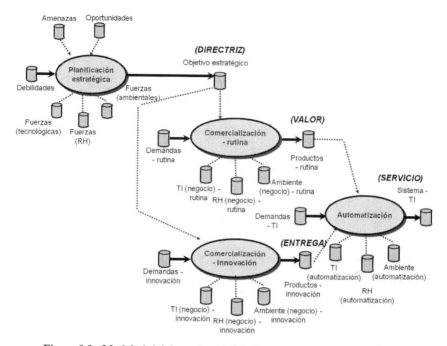

Figura 8.9 - Modelo inicial que integra el plan estratégico, un proceso de comercialización, un proyecto de innovación y reglas de negocio para la automatización (note que los valores generados por cada transformación son comprendidos según los lenguajes asociados - "directriz" en la capa estratégica, "valor" en la capa de procesos, "entrega" en la capa de proyectos y "servicio" en la capa de automatización)

Una de las ventajas de lo que estamos mostrando aquí es que partiendo de un meta modelo (aplicable a todas las situaciones pretendidas, desde los niveles más estratégicos hasta la automatización), podemos conectar la organización y al mismo tiempo respetar sus "dialectos" y culturas existentes. Explicando: a un resultado se le puede llamar objetivo estratégico (o directriz) en los niveles más altos de la administración, de valor - en la capa de procesos -, de entrega – por el personal de proyectos - y de servicio (por el grupo de tecnología de la información), sin que haya ninguna incomodidad. Incluimos las culturas existentes en nuestro modelo, pero hacemos que todos describan y conecten explícitamente sus contribuciones al proceso, no solo para los fines del diseño de un mapa, sino para la gestión completa (incluyendo simulaciones de escenarios, emulaciones de interfaces y minimizado de riesgos).

Además, para los analistas de tecnología, la descripción de nuestros modelos en componentes bien pulverizados constituye un excelente aliado para el mantenimiento de los sistemas informáticos. Sabemos bien que el mantenimiento es el desafío principal para la conformidad y para el cumplimiento de los plazos pactados relativos a sistemas automatizados; por eso, cuanto más granulares estén nuestras especificaciones, en componentes menores - los "valores" -, más éxito tendremos al modificar / incluir / excluir partes del sistema, sin que el todo sufra impactos.

Nuestro ejemplo aquí no fue extenso, pero esperamos que usted haya comprendido el poder integrador que un enfoque orientado a resultados tiene en su organización. La regla básica es sólo una: ¡se debe buscar toda iniciativa que promueva la integración!

Para concluir este capítulo, tres recordatorios básicos:

1. El lenguaje de procesos puede promover la integración entre los elementos de gestión de una organización, en vez de posicionarse como uno más - basta que se oriente a resultados y respete las culturas existentes.

2. Los resultados (valores generados) de un determinado enfoque metodológico (planificación estratégica, procesos, proyecto y automatización de sistemas, por ejemplo) se convertirán en insumos, referencias o recursos de infraestructura para otras dimensiones - corresponde al especialista en procesos promover las respectivas identificaciones y conexiones.

3. La integración propuesta no sólo se presta para la etapa de modelado, sino para los procedimientos de simulación, emulación y puesta en escena - la gestión estratégica se vuelve más efectiva en la medida que se utilicen más recursos.

9 RESUMIENDO LAS IDEAS DE ESTE LIBRO

"All you life
You were only waiting for this moment to arise"
(Toda tu vida
Solamente esperando que surgiera este momento)
John Lennon & Paul McCartney
"Blackbird"

Recorrimos un largo camino hasta aquí, y es tiempo de hacer un gran resumen de las ideas desarrolladas. Tenemos la certeza de que, si usted comienza a incluir por lo menos algunas ideas de este libro en su enfoque de procesos, va a obtener diversos beneficios, y los resultados van a saltar a la vista. Nuestro objetivo fue ofrecer una referencia inicial en gestión de procesos, no exhaustiva, pero que suministrara las bases para un trabajo consistente - a partir de este texto, se pueden usar nuevas fuentes y profundizar el conocimiento - mas tenemos la certeza de que usted ya habrá sentido un gran cambio en la forma de concebir procesos.

Volvamos a las principales ideas aquí discutidas, en la forma de 13 puntos clave:

1. **Concepto:** Procesos son sincronías de entradas, transformaciones, resultados y sus respectivos valores generados y percibidos por los agentes participantes.

2. **Ciclo de gestión de procesos:** Está constituido por las fases de modelado, simulación, emulación y puesta en escena de los procesos. Tiene como principal objetivo el alcance de resultados, por la comprensión más fiel posible de la realidad y por la gestión efectiva de riesgos.

3. **Identificación de valores:** Es por donde debemos comenzar a representar los procesos, orientados a resultados que deseamos obtener. Sabiendo a donde queremos llegar habremos recorrido la mayor parte del camino hacia la solución buscada - aunque no tengamos diseñado ningún flujo.

4. **Caracterización de valores:** Desglose de los resultados pretendidos, por medio del registro de ítems como la justificación de su existencia, los impactos pretendidos, los estándares de calidad a ser observados, y los respectivos indicadores de desempeño. Es lo que torna todavía más fácil la transición entre lo que imaginado y lo que se transformará en realidad.

5. **Identificación de otros valores y de sus roles:** Verificación de cuales insumos, referencias y recursos de infraestructura serán necesarios para la generación del resultado (valor) de nuestro proceso.

6. **Identificación de la transformación necesaria y de los criterios de aceptación:** Descripción de los niveles de calidad que precisan ser cumplidos para que los insumos, las referencias y las infraestructuras que utilizaremos en nuestra transformación estén en conformidad con los resultados pretendidos.

7. **Alineación de los criterios de aceptación con las características de las entradas y establecimiento de las conexiones:** Verificación de la conformidad y negociación necesaria para que todos los requisitos de calidad de los elementos implicados en el proceso estén de acuerdo, después, conectamos efectivamente los componentes - inclusive con el uso de puertas lógicas, si es necesario -, generando las cadenas de valor.

8. **Descripción de las condiciones que pueden ocurrir y de las respectivas acciones a ser tomadas:** La actuación como un gestor efectivo, identificando variaciones que pueden causar impactos a nuestro proceso y asociando acciones que mantengan el rumbo deseado, además de otras informaciones como responsabilidades, plazos, costos, etc.

9. **Descripción de las actividades necesarias a la transformación:** Importantes - mas no el punto clave de la gestión de procesos -, las actividades que rigen la transformación de insumos en resultados deben ser descritas de acuerdo al conocimiento que tuviéremos del proceso.

10. **Expansión de las cadenas de valor:** Ya sea por la desintegración de ítems que están agrupados, ya sea por la dilatación de nuestras fronteras de proceso, la expansión de las cadenas de valor aumenta nuestra visión y nuestro conocimiento explícito de los procesos.

11. **Estimativa de parámetros y simulación de escenarios:** De modo que nos podamos anticipar a situaciones factibles cuando nuestro proceso estuviera funcionando, tomando las debidas medidas correctivas o validando los modelos que elaboramos.

12. **Emulación de situaciones:** Incorporando trazas de realidad e interfaces para las estimativas hechas, situándose cada vez más cerca de la manera en que el proceso se comportará una vez implementado efectivamente.

13. **En cualquier momento:** Orientar la visión de los procesos hacia una actitud positiva (visión "de la salud"), estimular a todos los participantes del proceso a dar su contribución - saber oír, integrar lenguajes al mismo tiempo que mantenemos el respeto a las culturas existentes, promover ajustes a medida que evoluciona el conocimiento, minimizar riesgos de efectos indeseados, generar subprocesos a partir de las visiones más generales.

Para cerrar este capítulo, redactamos abajo un comparativo entre la gestión de procesos presentada en este libro (orientada a resultados) y la forma tradicional de abordarla, para recordarle los beneficios que puede experimentar:

Ítem	Enfoque orientado a resultados	Enfoque tradicional
Concepto de procesos	Sincronía de entradas, transformaciones, resultados y valores respectivos generados y percebidos por los agentes participantes	Conjunto de actividades que conducen a la generación de un producto o servicio
Orientación	A los resultados (fines)	A las actividades (medios)
Ciclo de gestión	Modelado, simulación, emulación, puesta en escena (partiendo de los valores)	Modelado (proceso actual, disfunciones, proceso propuesto, planificación de la implantación, implementación)
Análisis	A partir de las soluciones ("medicina de la salud")	A partir de las disfunciones ("medicina de la enfermedad")
Desglose de elementos de los modelos	Más amplio (identificación, motivación, descripción, características de validez, criterios de aceptación, condiciones, acciones, acitividades, parámetros estimados, interfaces de emulación)	Menos elaborado (identificación de flujos de actividades, responsables, procedimientos, parámetros estimados)
Roles que los valores pueden asumir	Insumos, referencias, recursos de infraestructura, valores generados / adicionados	No hay tal distinction (notaciones usuales no destacan valores en las cadenzas)
Inicio del modelado	Por los resultados ("del final hacía el comienzo")	Desde las demandas ("del comienzo al final")
Grupo de modeladores	Todos los participantes del proceso (situación optima)	Muestra de los participantes del proceso
Posibilidad de representación en paralelo	Estimulada – cuantas más formas distintas haya de llegar a los mismos resultados, más resistente es el proceso	Restringida – búsqueda de esntándares de operación
Actualización de los modelos	Dinámica (la situación optima es aquella en que todos pueden actualizar en cualquier momento sus contribuiciones)	Restringida – en general, pocos modeladores tienen métodos e instrumentos para ella
Generación de subprocesos	A partir de los "micro procesos" (contribuiciones individuals a los procesos)	A partir de los "macro procesos" (grandes cadenas de etapas)
Integración con otros lenguajes organizacionales	Completa – es el estado natural del enfoque de procesos orientado a resultados	Pequeña – "procesos" es un lenguaje más en la realidad organizacional

Tabela 9.1 - Comparativo entre enfoques distintos de gestión de procesos

10 PRESENTE, PASADO Y FUTURO

"And in the end
The love you take
Is equal to the love you make"
(Y, al final,
El amor que recibes
es igual al amor que haces)
John Lennon & Paul McCartney
"The End"

Cláudia: A Felipe y a Luísa nunca les gustó mucho ir a consultas médicas, fueran estas de rutina o imprevistas. Las encontraban fatigantes, no resolutivas, y muchas veces, regresaban a casa con una enfermedad adquirida. La gota que rebosó la copa ocurrió en una consulta oftalmológica de Luísa, cuando regresamos de un viaje a China y Japón, para examinar una contusión cercana al ojo izquierdo que ella tuvo al golpear con su carita la punta de la mesa de noche de nuestro cuarto de hotel. Cuando sucedió el incidente, Felipe - ágil y recursivo como siempre -, salió solo al corredor y volvió en segundos con hielo para su hermana, lección que hasta hoy, Luísa recuerda y aplica en su vida - ¡un acto de amor incondicional orientado al resultado!

Programamos entonces la consulta para la verificación del cuadro visual de Luísa. Buscamos una clínica reconocida, aguardamos pacientemente el tiempo de espera, Luísa fue sometida a colirios y más colirios hasta que, al entrar en el consultorio, el médico pidió sostenerla en brazos para el examen. Luísa, ya tensa, no recibió bien al médico, quien aun sin haberla examinado completamente dijo: "¡todo está bien!".

Felipe al salir del consultorio comentó: "como puede decir que está bien, si el no examinó a Luísa?". Y añadió: "yo dije que no serviría de nada... y Lulu tuvo que sufrir sin necesidad".

Regresé al carro pensando en las palabras de Felipe que, siempre me "decía" tantas cosas, incluso antes de aprender a hablar; Felipe tiene una sensibilidad y una captación sin par, por eso todo lo que él dice (o hasta cuando no dice) debe ser considerado.

Luísa no se queda atrás, lo ama más que todo en el mundo y expresa toda la iluminación que recibe en forma de alegría y amor para todo el que la rodea.

Íbamos conversando en el carro y yo decía: "¿qué opinan de que no necesitemos más de los médicos, o mejor aún, que piensan de que nos cuidemos tan bien, alimentándonos, ejercitándonos y viviendo de una forma feliz y saludable, para que el médico sea una amigo que pase a ayudarnos solamente en urgencias / emergencias?".

¡Todos concordamos efusivamente!

Sabemos que el Universo siempre conspira a nuestro favor, y cuando menos pensamos, teníamos al frente un libro encantador que nos dijo todo lo que queríamos oír - , "El lugar del médico es la cocina", del Dr. Alberto Peribanez González -, que más tarde se convertiría en amigo, padrino, ... - una conexión para toda la vida. Mientras compraba otras cosas, Felipe ojeaba el libro con Luísa y ambos exclamaban: "¡el libro es estupendo!".

Nuestra vida ya se había transformado.

Felipe tenía solo seis años y Luísa cuatro – sin embargo, las enseñanzas de una medicina de la salud, en lugar de una medicina de la enfermedad ya eran parte de su naturaleza. Días después, nuestros niños comenzaron a salir de todos los alimentos que ahora no les parecían saludables y, por más increíble que suene, solamente en un fin de semana todo el proceso de preparar alimentos que teníamos antes (los insumos - alimentos a ser transformados en comidas-, las referencias - libros de recetas, conceptos traídos desde la infancia -, las infraestructuras - ollas, hornos, responsabilidad de los cocineros Bruno y Cláudia - y transformaciones – la forma de preparar la comida) fue alterado por una simple - y fortísima - decisión de contexto: ¡nuestros hijos evolucionaron su concepto de lo que era tener salud, decidieron seguir tal camino sin mirar para atrás y estimularon a sus padres a hacer lo mismo!

Así es el mundo de los procesos - cuanto más seamos conscientes de nuestro rol frente a la complejidad y a la belleza de la vida, más podremos disfrutar de la posibilidad de compartir experiencias y conocimientos, de incluir más y más personas para la resolución de problemas y, principalmente, de soñar juntos con mejores resultados para la humanidad. Nuestro potencial es muy pequeño si queremos controlar el mundo usando las herramientas tradicionales que conocemos, pero es enorme cuando entre varios, empezamos a concentrarnos en los resultados que deseamos obtener, a imaginar sus detalles entre todos, y así llegamos a experimentar sus impactos incluso antes de su existencia.

Aunque la gestión de procesos tradicional se concentre fundamentalmente en la construcción de modelos de flujos de actividades (los llamados mapas de proceso), la efectividad de una buena gestión puede ser mucho más simple y elevada de lo que estamos acostumbrados, si:

- identificamos y caracterizamos detalladamente todos los resultados (valores) que deseamos alcanzar o, mejor aún, cuales son las diferencias entre lo que deseamos y lo que actualmente existe - en otras palabras, si soñamos con lo deseado;
- emulamos interfaces para dar a conocer los valores y las diferencias asociadas a ellos;
- escenificar tales diferencias, publicando su contenido para todas las personas que nos puedan auxiliar.

¿Extraño? No obstante, es eso mismo lo que acostumbramos hacer al compartir temas con el mundo en nuestras redes sociales y al recibir contribuciones valiosas que no arriesgábamos conocer, al dar publicidad al asunto.

Quizá ese sea el asunto a ser detallado en un próximo libro - aquí, quedaremos felices si hemos conseguido señalar las diferencias y los principales beneficios de esta manera más participativa de trabajar con procesos. Si después de la aplicación de los conceptos presentados aquí usted obtiene mayor éxito en sus iniciativas de gestión de procesos, estaremos plenamente satisfechos.

¡Amor, paz y éxitos para todos!

Brasília, agosto de 2014

REFERENCIAS BIBLIOGRÁFICAS

CHARETTE, Robert N. **Why software fails.** IEEE Spectrum. 2005.

COUSENS, Gabriel. **Nutrición espiritual.** Antroposófica. 2011.

DI BIASE, Francisco. **Caminhos da cura.** Vozes. 1998.

DI BIASE, Francisco; ROCHA, Mario Sergio F. da. **Caminhos do sucesso - a conspiração holística e transpessoal.** Qualitymark. 2007.

GATTAZ Cristiane. **Brincando de processo - um método de capacitação na metodologia de processos.** O Mundo em Processo. 2001.

GATTAZ Sobrinho, Fuad. **Complexity measures for network process evolution.** Transactions of the SDPS, Vol. 15, No. 4, pp. 95-115. 2011.

GATTAZ Sobrinho, Fuad. **Complexity measures for process evolution.** Journal of Systems Integration, Volume 9, Number 2. 1999.

GATTAZ Sobrinho, Fuad. **Processo: a máquina contextual nos negócios.** O Mundo em Processo. 2001.

GATTAZ Sobrinho, Fuad; GATTAZ, Cristiane; PACHECO, Oscar. **A value based business process management network model.** Transactions of the SDPS, Vol. 15, No. 4, pp. 85-94. 2011.

GONZALEZ, Alberto. **Lugar de médico é na cozinha.** Alaúde. 2008.

GOSWAMI, Amit. **O médico quântico.** Cultrix. 2012.

PALVARINI, Bruno. **Gestão de processos e compartilhamento de competências.** IV International Conference on Systems Integration. 2008.

PALVARINI, Bruno. **O Programa Nacional de Gestão Pública e Desburocratização (GesPública) voltado para o cidadão.** XV Congreso Internacional del CLAD sobre la Reforma del Estado y de la Administración Pública. 2010

PALVARINI, Bruno; OHI, Rose. **Onze ideias para uma boa gestão de processos.** Revista da Secretaria de Economia e Finanças da Aeronáutica, Ano III, Número IV. 2012.

PALVARINI, Bruno; OHI, Rose; QUEZADO, Cláudia. **Transformação de processos - Guia para o gerenciamento de processos de negócios - corpo comum de conhecimento,** ABPMP BPM CBOK versão 3.0, pp. 238 - 243. 2013.

RUMMLER, Gary; BRACHE, Alan. **Melhores desempenhos das empresas: uma abordagem prática para transformar as organizações através da Reengenharia.** Makron Books, 1994.

SPANYI, Andrew. **Business Process Management (BPM) is a team sport: play it to win!** Meghan Kiffer Pr. 2003.

SPANYI, Andrew. **More for less: the power of process management.** Meghan Kiffer Press. 2006.

TOLLE, Eckhart. **O poder do agora.** Sextante. 2002.

LOS AUTORES

Bruno Palvarini es licenciado y máster en Ingeniería Eléctrica de la Universidad de Brasilia - UnB. Funcionario de la Caixa Econômica Federal desde 1989, se desempeñó en unidades de atención al público, de tecnología de la información, de planificación financiera y de desarrollo organizacional, en la cual fue consultor, gerente de estándares y gerente nacional de la oficina central de procesos y proyectos de la empresa. En el Ministerio del Planificación, Presupuesto y Gestión, fue director de la oficina de proyectos para la modernización de la gestión pública y del departamento de programas de gestión, coordinando el Programa Nacional de Gestión Pública y Desburocratización - GesPública.

Cláudia Quezado es licenciada en Odontología de la Universidad de Brasilia - UnB, con especializaciones en Radiología y Endodoncia de la Facultad de Odontología de Bauru. Funcionaria de la Caixa Econômica Federal desde 1989, se desempeñó en unidades de atención al público y a funcionarios, ocupando funciones de gerencia y de coordinación de proyectos en el área de salud. Tiene gran experiencia e intuición para la creación de soluciones y para la introducción de innovaciones en el ámbito organizacional y en sus acciones junto a personas y comunidades. Siempre positiva, ve las situaciones y los procesos desde los resultados a ser alcanzados, favoreciendo todas las posibles sincronías para su materialización.

A Cláudia y a Bruno les gusta la música (¡Los Beatles, por supuesto!), películas, libros, alimentación saludable, viajes... - pero su mayor aptitud es ser padres y alumnos dedicados de Felipe y Luísa.